献给维多利亚与马塞尔

本书系2023年武汉大学国别与区域问题研究支持计划立项项目

"多元视角下的法国人文社会科学动态研究"（WHUGBQY2023-07）成果之一

一周哲学课：

哲学入门七问

UNE SEMAINE DE PHILOSOPHIE

7 questions pour entrer en philosophie

[法]夏尔·佩潘（Charles Pépin） 著

赵鸣 译

WUHAN UNIVERSITY PRESS
武汉大学出版社

图书在版编目(CIP)数据

一周哲学课:哲学入门七问/(法)夏尔·佩潘著;赵鸣译.——
武汉:武汉大学出版社,2023.6
ISBN 978-7-307-23695-0

Ⅰ.—… Ⅱ.①夏… ②赵… Ⅲ.哲学—通俗读物 Ⅳ.B-49

中国国家版本馆 CIP 数据核字(2023)第 057310 号

UNE SEMAINE DE PHILOSOPHIE : *7 questions pour entrer en philo-sophie* by Charles PEPIN
Copyright ⓒ Editions Flammarion, Paris, 2006
Translated and published under license from Flammarion SA
Simplified Chinese translation copyright ⓒ 2023 by Wuhan University Press
ALL RIGHTS RESERVED
本书原名为 *UNE SEMAINE DE PHILOSOPHIE* : *7 questions pour entrer en philosophie*,作者 Charles PEPIN。
本书中文简体版由弗拉马里翁出版社授权武汉大学出版社出版。

责任编辑:邓 喆 责任校对:汪欣怡 装帧设计:韩闻锦

出版发行:**武汉大学出版社** (430072 武昌 珞珈山)
(电子邮箱:cbs22@ whu.edu.cn 网址:www.wdp.com.cn)
印刷:湖北金海印务有限公司
开本:880×1230 1/32 印张:7.25 字数:134 千字
版次:2023 年 6 月第 1 版 2023 年 6 月第 1 次印刷
ISBN 978-7-307-23695-0 定价:39.00 元

目　录

第一问

思考能带给人幸福吗？

"看看这个地球，这个天主给人居住的地球吧。不是一眼便可看出这个恶草遍地、林木丛生的地球只是为动物安排的吗？有什么可给我们的东西呢？什么也没有；而给它们的却应有尽有：洞穴、树木、枝叶、泉水，有住的，有睡的，也有喝的。因此，一些像我一样爱挑剔的人在地球上永远也不会感到舒服。唯有那些和野生动物相近的人才会感到高兴和满足。可是另外一些人呢，那些诗人，那些讲究的人，那些梦想者、探索者和不安于现状的人呢？唉，可怜的人啊！"[1]

　　[1]　Guy de Maupassant，« L'inutile beauté »（《空有玉貌》），*Contes et Nouvelles*，Gallimard，1974-1979，Bibliothèque de La Pléiade，t. II，pp. 1217-1219. 中文参考王振孙译文：《莫泊桑中短篇小说全集》，第 4 卷，上海：上海译文出版社，2019 年，第 263-264 页。

罗丹创作的雕像《思想者》，看不出任何幸福的迹象：身体在烦恼的重压下抽缩成一团，手肘托着下颌，沉思苦想。这位"思想者"看上去更像是爱钻牛角尖，自寻烦恼。沉迷思考的人，哪怕想的不是玄而又玄的问题，只是庸常琐事，看上去都是一副陷入痛苦而非幸福的神情。

有一种人，我们姑且称之为"幸福的傻瓜"，他们从来不想不问，无事挂心头，尽可能地享受生活，永远乐呵呵的，至于为什么乐，恐怕他们自己也搞不太清楚。再微不足道的事物也会让他们感觉到"幸福"，比如：一则难笑的笑话、一瓶啤酒、一张长椅，甚至仅仅是活着这件事。这对他来说是某种恩赐：他感觉到，还不是真正深刻地意识到，活着，是上天对人的眷顾。

那么，到底谁才是真正幸福的人呢？"幸福的傻瓜"明白什么是幸福吗？

思想者可能也道不清幸福究竟是什么。然而，劳心也好，费神也罢，在与思想亲密接触的过程中，哪怕只是问问自己幸不幸福，他就能感受到快意的蔓延。当他诚实地面对内心，意识到自己距离幸福山高水远、道阻且长，明白了生有涯而知无涯之后，还会感到一种莫名的满足。解决思考带来的问题，是一种乐趣，整日东奔西忙的人，也就无法体会到这种乐趣。不过，以上所说的快乐、乐趣或满足，都不是幸福。

幸福，不同于极度的欢乐或暂时的满足，它是一种持续的、完全的满足：悦纳自我，无欲无求。然而，思考向我们灌输的，不恰恰是人之为人，就要有欲有求吗？

思考带给人不满足感，从这个意义上讲，它也许不能帮助我们更好地生活。思考究竟有没有好处，倒值得思考。"幸福的傻瓜"从不痴迷于追求幸福，他那漫不经心的笑容也不能作为真正幸福的证明。感觉他好像还是缺了某样东西，那里面充盈着更为深刻的幸福。这样缺失的东西……除了思考，还能是别的什么吗？

思考，究竟会使我们远离幸福，还是反过来，是我们用以衡量幸福，从而真正感受到幸福的工具？

一、思考无益于幸福

"新年快乐，身体健康！"或是简单的一句"祝好！"，是人们在新年到来时最常使用的祝福语。从来没有人说，为了幸福，你要多多思考哦。祝福他人得到幸福，不外乎希望对方免除疾苦，逢凶化吉。从词源学的角度也可以解释，幸福①也就意味着某种程度的幸运。关于幸福的祝愿已经清楚地说明，人但凡能消灾避祸就已经要知足感恩了，不要再自寻烦恼，追求权力、财富这些额外的目标……

---

① 法语"幸福"(bonheur)一词可以拆作 bon/heur，意思是 bonne chance(祝你好运)。

民间智慧反复强调，一个人有没有思考和他是否幸福完全没有关系。幸福就是转瞬即逝，需要及时抓住的运气，当中不掺杂任何功利的计算、实用主义的考量，也不需要任何形而上的玄思冥想。

同时，这也意味着幸福并不完全取决于人自身。"幸免于难、逃过一劫"（être épargné par le sort）的意思是，人的幸福其实被自身之外的某个他者或某个事物左右。有人罹患绝症，有人体验了白发人送黑发人的痛苦，对他们来说，没有经历这些大悲的人，就已得到了纯粹的幸福。还没有哪位哲学家能从反面把道理讲通，说服他们。

思考并非幸福的敌人，只是幸福很多时候取决于其他事物，例如：最低限度的物质生活保障、健康的体魄、良好的人际交往、经历爱情友情的洗礼、拥有和谐的家庭生活、不受孤独之苦……孤独的老人有大把时间思考，这一生行将结束，到底意义何在。然而大多数时候，让他们感到幸福的并非思考，而仅仅是身边人的存在，有人愿意花时间跟他们说说话。关于"幸福"的范本无非是：儿女绕膝、爱侣对望、沙滩阳伞下欢乐的一家人……有人可能嫌弃这些太过庸俗老套。但问题在于，我们为什么无法了解让自己感到幸福的东西是什么呢？

我们是如何先有了对幸福的错误认知，继而又有了对幸福的既定印象？假设一个人认为自己已经找到了幸福，作为旁观者的我们，有什么理由质疑他的这种幸福只是昙花一现，在他幸福的阳伞下还缺了一本笛卡儿的《沉思集》？

这种民间智慧是对思考乃至对哲学的拒绝，但它其实又暗含着一种饶有趣味的、带有哲学性质的选择：学习怎么获得幸福，就是学习怎么享受当下（享受被爱、享受生活、享受健康），享受拥有的一切，不要等到失去的时候才恍然大悟，原来那就是幸福。我们有幸成为现在这个自己，要懂得珍惜。因为我们完全有可能不存在于这个世界，而世界本身也可能不存在。这种生存的权利，我之所以成为我的权利，我们要尽情享受。除此之外，不要再奢求别的东西。

虽说这是众所周知的常识，却准确地抓住了幸福的本质。人，应当在幸福之中。感觉幸福，被幸福笼罩，这种感觉极可能复原了人类尚在娘胎中的记忆。一旦说起幸福，你就已经在幸福之外，不幸福了。思考幸福更是雪上加霜：思考意味着将被思考的东西客体化、对象化。这么说吧，思考也许不能为我们带来幸福，但它却可以告诉我们，我们有过幸福。在那个当下，我们没有意识到自己是幸福的，等到我们明白了，幸福已经走远，思考可以帮助我们认识到这一点。思考幸福，就是走出了幸福。另外，人在什么情况下会觉得思考是必要的呢，不就是当生活出现问题的时候吗？

一般人都认为，幸福与思考没有关系，或者干脆说，一个人什么时候最幸福，就是当他什么也不思考的时候！"清空头脑"、不再"钻牛角尖"……这种时候，思考成为阻碍幸福的绊脚石，脑力劳动让人痛苦煎熬：法语中说"un casse-tête"（令人头大的难题）、"se creuser les méninges"（绞尽脑汁）、"se torturer l'esprit"（苦思冥想）……但很难找到同等数量的表达，告诉你思考能带给人多少快乐。思考，不仅无益于幸福，甚至还会破坏幸福。

至于说思考为什么会破坏幸福，毁掉一切欢乐的时刻，首先可能在于它是务实的，基于理性。好比说，你放假时只要一想到快开学了，瞬间就高兴不起来了；再比如看网球赛正看得投入，突然想到还有一件事没解决，立即没心情了。还有上班族都有的"周日晚焦虑症"：明明还是休息日，还在和家人朋友共度欢乐的时光，我们的头脑却已提前走了几步，开始思考需要处理的事情了。我的思绪，硬是打开门把周一早晨的会议请来了我的周日。

这种思考也可能到达形而上的境界。一位母亲看着自己的孩子在旁玩耍，幸福的当下，她想到的却是死亡。有时候，我们满怀憧憬开始一项计划，摩拳擦掌准备大干一场，却会在某个瞬间感受到人生的荒谬："到头来，这一切有什么意义呢？就算完成了又能怎么样？"

我们又一次发现，在未经思考的常识中，其实隐藏着更深层的哲学直觉。思考为什么有办法在一瞬间夺走人的幸福感，那是因为它关注的是尚未发生的事，它在预知未来，而幸福以及所有美好的时刻，却要在当下感受。

在尚未形成严格意义上的思考之前，意识就将人抛入了时间的洪流，更准确地说是抛入了未来。"幸福的傻瓜"拥有的一份恩赐就是：活在当下。他之所以无忧无虑，原因正在于此。而大部分人没有这个运气。我们想的是，今天我可能还不错，身边围绕着亲朋至爱，在海边悠闲地度假，但明天呢，假期总要结束（理性之思），再往后呢，人总要死（形而上之思）。我们正处于幸福的当下，而思考却把引发焦虑不安的因素带进这个当下，让流动的时间威胁、影响到现时现地的幸福。

有时候，思考也会以一种突如其来的方式破坏当下，就像上文中提到的厄运、劫难那样，"落到人头上"，给人以打击。这些"对消极事物的思考"，不论有关现实还是精神，我们都说要"驱除"，把它们从头脑中清理出去，才能维持幸福。这就是人需要消遣娱乐的原因：想维持幸福感，就要避开对它构成威胁的思想。于是乎，人会寻找麻痹自己的东西，用表面的热闹来对抗"对消极事物的思考"，不去想死亡，不去想尚未完成的一大堆事务，逃避未来或意识的折磨。

亚当和夏娃，在还没有意识到自己是赤身裸体时，一直活得很幸福；拥有意识，意味着他们不再天真无知，从此知道了什么是羞耻。知羞耻的同时，也就丧失了长久以来的幸福。羞耻感激发出这么多的问题，包括"对消极事物的思考"、悔恨愧疚、罪恶感。人的意识也好，思想也好，都是扫兴的东西。

然而，哲学思考不是只会破坏当下的幸福，它还有一个功能，就是预知人可能遭遇的痛苦，早做准备，未雨绸缪，等真正到来的那一天用更好的态度来面对。一位哲学教授做课程导入，完全可以说："上这个课之前，你们可能还不明白思考死亡、欲望、幻灭有什么用，现在就是尝试去想想的时候了，否则，一旦面临亲友离世、感情破裂这些变故，你会发现自己根本不具备承受、应对它们的思考能力。"

种种"对消极事物的思考"提供了一种参照，告诉我们，思考有可能帮助人重建幸福。

首先，我们要知道为什么人的头脑中会突然生出这些"对消极事物的思考"，它们又意味着什么。一味地想着怎么消除对消极事物的思考，而不去静下心来真正理解它们，只能是徒劳。如果一个人感到自己常常困于对死亡、罪恶、消极事物，甚至是事务性的思考中无法自拔，那代表了一种信号，他需要进行一番自我反省，甚至是来一场真正的自我剖析。要知道，这一切思考都是有意义的，而且必须进行，他要走出盲目的迷信，不要指望大脑能一下子运转起来，像掷骰子或是运动员奔跑时抹去脸上的汗水那样，三下五除二解决掉对消极事物的思考。迷信的人总认为，遇到消极事物就要立即甩掉这个思想包袱，否则，一旦滞留在对消极事物的思考中，接受了它们，还去思考它们，会让这些感觉更加真实，也就给人带来更大的痛苦。其实，试着去思考它们，不论是有意识地去想，还是无意识地表现出焦虑，都反而会遏制这些消极事物反复来袭，破坏我们的生活。

思考会对幸福构成威胁，这句话的前提不就是我们意识到了自己的幸福吗？

经由思考，我们了解了幸福的价值，了解了自身经历的价值，于是，更加觉得幸福。再拿前面说过的那位母亲来举例吧：显然，她正沉浸在幸福当中。但倘若她再试着想想自身感受到的这种爱的价值，想到爱是付出，予人以爱，人予我爱，爱无处不在，也是人所必需，不就觉得更幸福了吗？也许，只有当我们深刻理解了自身经历的价值，生活中美好的片刻才能升华为真正的幸福。

至于"幸福的傻瓜"，他的短板就在于缺乏对自身经历的理性认知。他从来没有认真地琢磨过幸福是怎么回事，因此，他感受到的幸福只能是狭隘的、有限的。一个幸福的傻瓜，不会知道何为激情，何为至乐。

常识告诉我们，决定幸福的首要因素并非思考，而是健康、爱、财富，等等。拥有这些的人何其众也，却不见得有多幸福。根本原因是缺乏思考：他们不去理解自身拥有之物的价值。不明白这个道理的大有人在，没什么大惊小怪的。一个矛盾的也是最难解决的地方在于，人要认识到自己的存在是怎样一个奇迹，有多幸运，懂得珍惜机遇，成就真我，而非堕落自毁，迷失于假我。这需要的也许正是……真正的哲学，光靠"幸福的傻瓜"那种乐天，或是简单的民间智慧，是远远不够的。

二、思考是获取真正幸福的条件

一列火车上，男人邂逅了女人。他错过了前一趟车，她在最后一刻决定退掉机票，改搭高铁。两人很快互生好感，在站台上决定共进晚餐，共度良宵。一般人都认为，幸福是偶然降临的礼物，不要多想，欣然接受就好。应该反驳说，让人感到幸福的决定性因素并不是这个"幸福"来得有多么出人意料，而是我们对这个"出人意料"究竟认识了多少，用理性理解到了何种深度。火车上的这名男子，如果是个"幸福的傻瓜"，那么他就不会提出任何问题，只会享受这场艳遇带来的所有美好。相反，他要是个"思想者"，就会陷入深思，想想怎样的机缘巧合下，才有了这场相遇。他会在心里琢磨，自己是怎样错过了上一趟列车，碰巧又遇上这个女人突然生出害怕坐飞机的念头；他会来回思忖这场相遇在多大程度上是不可能发生的，越想缘分的来之不易，他的幸福感也就越强。从这个意义上说，这位男子是一个"伊壁鸠鲁主义者"：他像古希腊哲学家伊壁鸠鲁一样，拥有了通过思索让自己更加幸福的能力。

伊壁鸠鲁秉持的观点绝不是让人完完全全沉浸在享乐当中，而是说，人应该将欲望控制在追求那些最基本的生存必需品上（吃喝拉撒、衣食住行）。此外，可以通过思考偶然性来获取幸福。在伊壁鸠鲁看来，大千世界，希腊人赖以生存的空间，是原子之间相遇的产物，一切都源于偶然，而非神意。宇宙万物完全有可能不是这样的，至于个体的人，更有一千种可能不存在。只有深入地想到这一步，我们才能品尝到幸福的真正滋味，体会到存在本身就是莫大的幸福。看着时间不断流逝，想到自己身处的世界完全有其他的可能，越思考这种偶然性①，我们就越容易达到对自我和存在的满足。人活于世，就像火车上的那段邂逅，没有任何特殊的理由，但就是发生了。这本身便值得庆幸。即便幸福像邂逅那样，是从天而降的礼物，也不妨碍我们对它进行思考。越思考，反而越幸福。

伊壁鸠鲁对偶然性的思索具有极强的现实意义。他的原子论虽说早已过时，但现代科学，不论在宇宙起源的问题上，还是对生命孕育之初精子与卵子结合的讨论，都依然强调偶然性发挥的重要作用。伊壁鸠鲁倡导从偶然性的角度来看待生命，不再对未来感到焦虑不

---

① 偶然性（contingence）指事物发展过程中有可能出现、也有可能不出现的趋向，必然性（nécessité）指事物发展过程中一定出现、必然如此的趋向。

安，而要快乐地活在当下。"Carpe Diem"①（拉丁语：活在当下，及时行乐。——译者注），这是伊壁鸠鲁对人生发出的感叹。他当然不是在引导大家耽溺于纵情享乐。一旦清楚地意识到此时此地的偶然，那么即便是最平凡无奇的快乐（不缺衣少食，无疾病痛苦），也会让人感受到存在的充实与幸福。

的确，思考的目的不是预测未来，就是总结过去。总之，它与当下的幸福相对立。然而，以伊壁鸠鲁为代表的先贤却说，通过思考，可以寻回当下。一旦学会如何用理性思考——伊壁鸠鲁称之为"精神训练"——摆脱过去或未来带来的烦恼负累，自然就能享受眼前的幸福生活。②

至于"精神训练"的内容，其中有些部分可以帮助我们减轻对死亡的恐惧。塞内卡（Sénèque）的建议是尽

① Horace, *Odes*（《歌集》），I，XI.

② 斯多葛学派提出一种主张，可以用来安慰对过往无法释怀的人。过去，我没能去做一件我本该去做的事（例如，没能娶到自己深爱的女孩，对方后来嫁给了别人）。假设我因此感到后悔，那么，我就相当于在懦弱这第一重错误之上，又加入了第二重错误：悲伤。第一个错误已经造成，无法弥补，但第二个错误是可以纠正、避免的，正是这种能够挽救自己的能力让我得以幸福。之所以幸福，不仅因为驱散了忧愁，也在于我由衷地为自身意志力的强大而高兴。既然无法做个"幸福的傻瓜"，那么，思考第一步肯定会把我拖入煎熬的苦海，让痛苦的过去在头脑中反复回放，但是，思考同样拥有减轻这种痛苦的方法。总之，它具备了存在主义的优点，让我们能够像摆脱"无因的恐惧"那样摆脱掉无意义的后悔。

可能多地去思考死亡这个问题，哪怕每时每刻都在想；想得越多，它就变得越平常。伊壁鸠鲁则认为，死亡没什么好怕的：人活着的时候，死亡尚未到来，人死了，也就不会有任何感觉。[①] 与死亡一同消失的，也包括痛苦。在叔本华看来，死亡不是突然坠入令人恐惧的未知，只是回归虚无。出生让人从不存在走向存在，死亡不过是重新回到不存在的状态。想得到幸福，就不能指望用享乐麻痹自己，驱散死亡的念头，而要用正确的态度理解死亡，用恰当的方式面对死亡。做智者，不做逃兵。

斯多葛主义者马克·奥勒留（Marc Aurèle）曾写道："你能决定的，只能是接受或拒绝不由你决定的事情。"死亡的决定权不在人的手上，但如何面对死亡却是人能决定的。理性和意志赋予我们一项根本的自由，即拒绝或接受的自由。拒绝接受自己决定不了的事情（亲人逝去、职场上遭遇比自己更强的竞争对手、妻子另有新欢……），等于雪上加霜：在原本的痛苦中又加入愤怒、仇恨、妒忌……而接受现实，就是超越了现实，将痛苦的体验转化为一次磨砺心志的机会，更懂得珍惜幸福。人经过思考，才能找到打开幸福之门的钥匙。

路上塞车，这种状况不由人决定，但有没有因为塞

---

① Épicure, *Lettre à Ménécée*（《致美诺西斯的信》），PUF, 1964，pp. 126-127.

车影响了心情，却是人可以决定的。冷静且理性地想一想，之所以被堵在路上，是因为出发正赶上了高峰时段，往大了说，这是社会文明发展到一定程度必然会面临的问题。我们无法改变眼前拥堵的现实，但它究竟能给情绪造成多大影响，却在人的控制范围内，否则，我们就在浪费时间的同时，又白白搭上了情绪成本。不妨利用这点时间听听广播，了解一下正在发生的新闻动态，如此一来，我们就驾驭了紧张焦虑的情绪，从而感受到自身意志力的强大。奉行斯多葛主义的人用这套独特的世界观来看待不能改变的现实：伊壁鸠鲁主义者用"偶然"解释世界，斯多葛主义者反过来，认为世界由"必然"主宰。世界上的一切都可以通过人所处的具体状况得到解释，没有任何东西是偶然的。

有趣的是，除了分歧，先哲们在思想上也有共通。希腊哲学与大部分现代哲学体系不同，提出的往往是有关生活方式的哲学。[①] 在实践中思考问题，通过理论在实践中发挥的效果反思理论，反思它对获取幸福究竟有多大作用。奉行伊壁鸠鲁主义，意味着既要按伊壁鸠鲁的方式思考，也要按伊壁鸠鲁的方式生活，不去追求非

① 参见：Pierre Hadot, *La philosophie comme manière de vivre*（《作为生活方式的哲学》），Odile Jacob, 2001. 该书为访谈体，可看作另一部更厚重作品的先导篇：*Qu'est-ce que la philosophie antique ?*（《古代哲学是什么?》），Gallimard, 1996（Folio Essais 1999）. 又见：*Éloge de Socrate*（《苏格拉底颂》），Allia, 1998.

必要的东西（荣誉、财富……），邀知己友人，同思共悟这种生存方式上的自给自足，它让我们活得快乐似神仙。[①] 思考并不是获取幸福的的唯一途径，除了精神训练，还需要身体的配合。

伊壁鸠鲁主义认为，幸福感也会取决于身体的舒适程度，只不过要真正享受到身心舒畅带来的幸福感，还得通过思考[②]，学着破坏幸福的疑虑、担忧、恐惧，还有对死亡及鬼神的偏见误解[③]……

经这类思考而生的幸福，伊壁鸠鲁和斯多葛有一个共同的说法，叫"不动心"（ataraxie），也就是说没有纷扰、心神安宁。"不动心"不单单是从否定意义上消解痛苦，也有积极正面的意义：代表了一种"神圣的满足感"[④]，这种状态下的人趋近于神。人之所以感到痛苦，就是因为渴望得到自己没有的东西。"不动心"带来的幸福是自给自足式的：因为一无所缺，所以感到的尽是

[①] Épicure, *Lettre à Ménécée*（《致美诺西斯的信》），§ 135.

[②] 这里的思考也是集体性的，即与他人共同思考。知识之所以让人幸福，是因为它得到了分享与讨论。独自思考可能是危险的：反复在一个地方打转，钻牛角尖，弄得自己焦虑不堪。一个人独处时，就总会想到死亡这件事。与他人共同思考，会让生活变得更好：这就是为什么，在衣食温饱之外，当人类出现"心灵"的需求时，友谊就自然伴随哲学而出现。

[③] 伊壁鸠鲁认为，鬼神无意害人，只是对人间漠不关心，且法力有限。

[④] Lucrèce, *De la nature*（《论自然》），L. III, pp. 15-25.

幸福。平常人对幸福的描述，无外乎躺在沙滩上，有爱人陪，有冷饮喝，此时就觉得自己什么也不缺。但他却忘记了一点，人需要透过思考，也只有透过思考，才能明白自己什么也不缺。斯多葛和伊壁鸠鲁教给我们的就是，要对自己的欲望进行管理。面对让自己感到痛苦的事物，诸如权力、永恒等时，人要学会无欲无求。同时，还要学会抵抗想象力带来的诱惑，它总在撩拨人心，煽动着我们对另一种生活、另一个欲望投射对象的向往，痛苦地执着于不可能得到的东西。思考之所以使智者获得幸福，乃是因为他用理性平息了想象。

古人精神思考与生活实践不分家的做法①，在现代人中早已失传。造成这一结果的原因有很多。数学领域，抽象代数取得了胜利，成为真理的化身。哲学领域，技术用语取得了胜利，成为少数专家的特权。可对普通人来说，我们不可能生活在一系列的方程式或晦涩

———————————

① 思考与生活不分家的做法能帮助希腊人确定自己在世界中的位置。在他们看来，宇宙是一个比例关系构建的封闭体，人可以通过思考宇宙获得幸福。斯多葛学派认为的幸福是，宇宙受必然性支配，人要找到自己在其中的位置。伊壁鸠鲁认为的幸福是，宇宙受偶然性支配，人要珍惜自己存在于这个宇宙的机会。但无论哪一种，其实都是要我们找到自己在世界中的位置。先贤告诉我们的是，人生活在世界之中，思考是拥抱世界的方式之一。看到这个完完全全用真理构建起来的宇宙，我们的内心便充满了幸福。倘若我用伊壁鸠鲁提出的原子论来理解世界，明白偶然才是世界的真相，那么，我便有另一种活法，仅仅是自己存在于世上这一点，就能让我感受到幸福。

难懂的哲学语言当中……现代性中存在的一大问题，即思想与生活的割裂，原因正在于此。

寻回思想的本质意义，丢弃"思考，意味着停止生活"的想法，对我们有诸多益处。生活中遭受打击、萎靡不振时，我们常常"忘记了"思考生活的意义。常年奔忙，只为在社会上谋取一席之地，没有人再花时间想一想人在大千世界中所处的位置。现代人有着永无止境的欲望和行动力，相比之下，我们会嘲讽那些论辩说理的智者先贤，他们总是摆出一副无动于衷、心如止水的样子。直到有一天，我们因为看病就医，不得不停下脚步的时候，才会突然意识到，已经读不下手边任何一本杂志。不是思考阻碍了生活，而恰恰是长期以来缺乏思考，影响了生活。

智者不只是通过自我思辨达成幸福，其思想本身就构成了幸福。柏拉图称之为"观照生活"①，斯宾诺莎称之为"极乐"②。思考，是可能存在方式当中的最高境界。柏拉图式的智者，弃凡俗，在"理念的穹顶"下观照永恒之理念。斯宾诺莎式的智者，在一切事物，诸如一株植物或一种情感当中，看到了"上帝—自然"主宰

① 参见：Platon, *Le Banquet*（《宴飨篇》）, Les Belles Lettres, p. 69.

② Spinoza, *L'Éthique*（《伦理学》）, Folio Essais, pp. 349-388, définie p. 387.

的寰宇大千。思考不仅让他们意识到己身存在于世的机缘幸运，也接受凭一己之力无法改变的事物，更重要的是，帮助他们升华到了超越自身的境界：真理、永恒、宇宙、上帝。这便是知识的浩瀚无边①。智者还需多言吗？

处在堵车当下或忙着上班开会的人，似乎很难达到斯宾诺莎提倡的以思想至极乐的境界，这位哲学家又说，当我们充分了解了某个事物，对它有恰当认识的时候，要提前做好"幻灭"来临的准备，这样就不会太过痛苦。假设你明白爱一个人，也就意味着对这个人的依赖，人需要通过自己以外的另一个个体来达到幸福，那么，你也一定明白，爱当中还必然伴随着一部分的痛苦、执着，甚至嫉妒。当你从符合逻辑因而也必然存在的各个向度来理解爱，你感受到的痛苦会大大减轻，甚至完全消除。相反，如果你一直没有办法正确地认识什么是爱，比方说，不理解世界上就是存在完完全全超脱的、予人自由的、无需用承诺捆绑的爱，正如 1968 年兴起的"开放式伴侣"倡导的情感关系，那你就注定要承受痛苦，从一个幻灭走向另一个幻灭，无时无刻不被嫉妒心咬噬，不被内心的匮乏折磨。如何不因事物而感到痛苦，最好的办法就是对它的天性本质有一个正确

① 我引用了贝尔纳·克莱特（Bernard Clerté）的说法，他在为进入法国"大学校"设立的预科班教书。

认识。

智者还告诉我们，人在发展思维能力的过程中会感受到快乐。尼采曾说："何为幸福？就是感受到自身能力的增长。"[1]拥有越来越强大的思维能力，理解了之前不理解的东西，对爱有成熟的认知，并在这种认知下更好地处理了与他人的关系，这时你就能真切感受到自身能力的增强。

还是举前面塞车的例子，从中也可以看出智者思想的局限。

以斯宾诺莎的方式应对塞车，所谓以思想达极乐，意味着恰当地认识塞车这件事，不要为它感到苦恼，而去直面它、接受它！你要明白，交通拥堵是理性范围内可以解释的正常现象，它必然存在，符合逻辑，也一定会在某些时候发生。所有将现代人与古代先贤割裂开来的元素都在教育我们，要去接受和理解一切存在的事物。现代人一遇到塞车，首先想的是如果走另一条路或改搭地铁，或者支持了当初市政规划中的另一套建设方案，那么现在就一定可以避免遭遇塞车。我们不会认为塞车这种状况是必然而然的，不认为它有一套因果逻

---

[1] Frédérich Nietzsche, *L'Antéchrist*（《反基督》）. 要理解尼采的思想，不可绕过的关键性作品是 *Vie et Vérité*（《生活与真理》），PUF。这部文集依照不同主题收录了尼采各个时期的作品文字。

辑，凌驾于人的意志之上。我们甚至认为，出现堵车这种现象是荒谬的，生产这么多的汽车原本是为了提高大家的出行效率，结果却造成了密集的车辆拥堵，这很荒唐，既可悲又可笑，但它并不合理，也肯定能避免。我们将思考的重点放在了荒谬感而非意义上，既不去观照那个柏拉图的"理念世界"，也不理会斯多葛学派强调的自然秩序，而只是盯住现实中莫名出现的现象和纷乱无序。斯多葛学派认为，思考的目的就是接受存在的事物。我们从内心拒绝接受塞车，越是思考它，越要想怎么才能避开它，再造一个摆脱了塞车困扰的乌托邦。所以每逢塞车，我们都忍不住发脾气，大骂同样困在车流里的其他人，忘了他们也是受害者。我们认为，出现塞车是不正常的，更无逻辑可言，没有任何理由接受它。说到这里，便可以引出斯多葛主义的局限性：不要在第一重痛苦上叠加第二重痛苦，不要让塞车同时激发起我们愤怒的情绪……除非，愤怒有助于我们应对当前的局面，改变事物的现状。

现代人总想着怎么通过改造世界来获取幸福，而不是接受世界以获取幸福。我们不愿意也没有能力从永恒这个视角来观察塞车现象。没有任何理由可以说服我们，存在即是必然要接受的命运。用斯多葛学派的说法，我们甚至想改变"不取决于自身"的事物。

导致这个问题的深层原因是，相较于前人，我们已经有了不同的世界观：从"封闭的世界"迈向了"无限的宇宙"①。对希腊人而言，幸福是用思考找到人在世界中的位置，这个世界是"封闭"的、有限的、内在统一的。现代科学却指出，这个封闭的世界实际上是无限的。我们既不知道它从哪里开始，也不知道它在哪里终结。它似乎在无限的扩张中，而扩张的原因我们无从知晓……我们无法掌握这个世界的真相，就很难在其中找到自己的位置，从对它的理解中感受到幸福……②从伊壁鸠鲁生活的时代到现在，人类关于宇宙大小的认知已经有了天翻地覆的变化。

当伊壁鸠鲁提出人完全有可能不存在这个观点时，他悟到的是人应该知足，身在风浪，仍然"感受幸福的艺术"③。只不过，伊壁鸠鲁那个时代人类面临的风浪（gros temps）不同于今时今日。20 世纪发生的历史悲剧

① Alexandre Koyré, *Du monde clos à l'univers infini* (《从封闭的世界走向无限的宇宙》), Tel Gallimard, 1993, historien lumineux de la philosophie. 作者亚历山大·柯瓦雷是杰出的哲学史学家。

② 这种智慧已经不具备实践的可能。今天，无限宇宙中天体运行的规律已经不同于以往有限宇宙中天体运行的规律。普适性也遭到挑战：重力原理只适用于地球，而不是整个宇宙。人类不可能再借助对自然规律的理性认知来洞悉万事万物，因为我们面对的已经不再是单一的世界，而是处于不同逻辑层面的多重世界。

③ Jean Salem, *Le Bonheur ou l'art d'être heureux par gros temps* (《经历风浪的幸福或幸福的艺术》), Bordas, 2006.

用另一种方式，也是让人类更感恐慌的方式让我们听到了"我们可能不存在"这一思想的余音。纳粹主义的诞生及"最终解决方案"告诉所有的犹太人，他们有可能不存在；冷战时期爆发的种种危机，原子弹可以达到的破坏力告诉全人类，他们也有可能不存在。总而言之，我们大家都有可能不存在，意识到这一点并非偶然，而是源自一部分人对另一部分人犯下的罪恶。已经没有理由再说人要知足。这是一个前所未有的时代，人类第一次能通过具备自我毁灭力来定义自我。人类也越来越没有能力去想象科技带给我们的后果。[1] 我们是身负对抗世界终结之重任的第一代人：唯有思考，才能让我们看清自身与世界的关系。当人类存在的结果是制造出有毒垃圾与气体，破坏臭氧层，消耗地球资源，威胁子孙后代的发展时，就不能再说我们只要单纯地满足于自身的存在就好。观照世界，已经不合时宜。假设我们还想留给子孙后代可供观照的东西，那么现在就要立马做出改变。

唯有"幸福的傻瓜"能始终沉浸在幸福当中：他不懂眼前这个世界正在遭受终结的威胁。而思想者，一旦开始思考科技带给世界的诸多威胁，也就意味着他再也

---

① 参见：Günther Anders, *La menace nucléaire, Considérations sur l'âge atomique*（《核威胁，思考原子时代》），Le Serpent à plumes，2006.

不可能找到先贤定义的那种由心境安宁带来的幸福。①

三、思考之外，行动才能为我们带来幸福

让我们获得幸福的首先是行动，而非思考。这个答案乍听很幼稚，但就在这么浅白的回答中，却隐含着一个关键问题，一种类似诗歌修辞所讲的"交缠"（chiasme）：价值观念的颠覆。古代人之所以认为思考能带来幸福，原因在于行动的价值在当时是被低估的，它之上有着"观照生活"这样更高层次的追求。行动往往被看作徒劳无用的躁动，真理才是那个"永恒不动"。巴门尼德提出的"不动的一"、柏拉图的"理念世界"都超越了人们活动的真实世界……智者的幸福，就是要通过思考，接近不动的、永恒的真理。

————————

① 此外，我们还要看到，先贤"智慧"的光芒往往伴随着历史或政治上的危机。斯多葛学派兴起时，古希腊的民主呈现病态（公元前4世纪）；伊壁鸠鲁学派诞生时，罗马帝国正走向衰落。正是在卢克莱斯"论自然"思想的推动下，伊壁鸠鲁学派才能在罗马世界传播开来……法国在经历"辉煌三十年"时，伊壁鸠鲁主义并不那么深入人心……而到了今天，当我们在政治上失去信仰，怀疑这个被经济吞噬的世界，上班的人体验了什么是"购买后抑郁"，无业的人长时间找不到工作，就会发现这些古代智慧重新散发出时代性和生命力。任何信仰政治或历史的人，把自己抽离到这个纷扰的世界之外旁观，都会一惊，怎么现在的人竟然在用倒退的观念。古代智慧的复兴，正说明今人失去了前进的坐标。

但今天的真理观已经发生了变化。[1] 人们开始将行动视为真理。犹太—基督教的神用行动创造了世界：按照这个逻辑，神本身也应该是"挪动过的"。孕育我们文明的宗教认为，世界是上帝的作品，这种前提下，就很难低估行动的价值。现代天文学的研究对象绝对不是柏拉图"理念的天空"，而是一个处于加速扩张中的无限的宇宙。对现代人来说，行动不再是无端的躁动，而是创造。我们的思维方式也随之改变。思考，意味着参与到行动当中，准备行动，考虑行动要达到什么效果。

从低估行动再到重视行动，当中涉及另一种幸福观。行动的目的是改造世界，我们从中体会到的感受是古代人完全无法理解的。人不再满足于已经存在的事物，而是向往存在以外的其他事物。人不再是自给自足的状态，而是感到匮乏，这种匮乏感将人不断引向自身以外的他者与世界。幸福不再是与自我的叠合，而是对自我的超越。古代人以自给自足为幸福。现代人追求幸福的方式却是不断叫喊"不够"。也就是说，人不是享受幸福，而是总在追求幸福。

追求幸福的过程中，思考能让人率先意识到这种匮乏或者说欲望。不断地追求幸福，人于是变得不幸福、不满足，意识到自身存在与赖以存在之物的局限。我们

---

[1] 我们往往认为，在人类历史发展和文明进程中，真理是偶然发生、突然出现的。

一直向往、期待着幸福，将它摆上高高的神坛，为得不到而痛苦。

话说回来，有追求的目标、理想，对某个事物产生希望、想象并付诸努力，这又不失为一种重新定义的人生幸福。思考不再只是以乐天知命为目的的精神训练，它成为这种重新定义的幸福的必要条件：我想的不再是自己现在的样子，而是自己还没有成为的样子。我尚未拥有的东西和我尚未成为的样子，都在思想中呈现，继而付诸行动。古代人的幸福是泡在浴盆中。现代人的幸福是投入水中。

这是里程碑式的颠覆：世界有无限可能，也包括种种不合理的可能，我们身在其中，不知其所起，不知其所终，仅靠思考是无法获得幸福的，它往人的头脑中塞入了太多引发焦虑的东西。反倒是行动能平息我们的焦虑。观察一下身边患有焦虑症的人就能明白："听从理智"，能起到多大作用呢……你没法活得像不问世事的神仙，只有通过行动，找到自己在世界中的位置，才能收获幸福。

那么，艺术家要幸福，靠什么呢？不能只是凝神观照、一动不动，相信自己是有才华的；也不能空想艺术理论，没有实际行动。他得创造新的作品，向世人展示成果，赢得肯定的掌声。

沉浸爱河的人要幸福，靠什么呢？不是坐着空想自己爱得有多热烈，或者像大多数不成熟的年轻人那样将爱情理想化，又因这种理想化陷自己于痛苦，他要去真正经历爱、感受爱，行动起来，体验结婚、生子，最终从他人那里确认这份爱的价值①。

现代人寻找幸福的过程，是在社会而不是宇宙中寻找自己的位置。普遍性，不再就头顶那片永恒的天空而言，而指向了人的内在自我。个性化的体验一旦能引起其他人的共鸣，传递出某种普世理念，我们就有了幸福的感觉。

思考可以是行动的前提。经过思考，我们内心有了实际的选择，并对后果进行了一番考量。思考，让我们认识到自身具备的能力与将要承担的责任。从如今成立的"智者委员会"或"伦理委员会"可以看到，智者的身份相较古代已有很大变化，同时还注重智慧与行动二者的结合。如今智者们齐聚一堂，不是为了观照永恒的理念，而是为社会指明前进的方向，比如在什么框架内，如何尽可能合理地使用克隆疗法、医学协助生育这些最新的科技手段。

思考也可以是对已完成行动的客观认识，是在衡量了行动的意义及影响，尤其是它带给人的确认感后，进

---

① 这种希望得到他人肯定的欲望恰与斯多葛学派的主张相悖：从自身角度出发寻求他人认同，必然要承受"有些东西我左右不了"这个痛苦。当然，这里面还牵涉一个因素，先贤生活在一个他们认为有限的世界中，可以不在乎他人的认同，生活在真理中就已经足够！我们现代人没这样的福气。

行的回顾反省。所以说，无论今昔，思考提供的都是一种怀着担忧的快乐，而非平静的幸福，因为它总是掺杂着怀疑，人对自身永远缺乏足够的肯定。

伴随着行动的思考会提醒我们，曾经以为的幸福可能并不是幸福。优哉游哉、一无所缺……先贤的理想或海滨度假人的状态，都不能代表幸福的全貌。回想行动当中付出的艰辛努力，感受到的痛苦困顿，同样是一种幸福。人只有在这样的行动和反思中，才能不断成长、进步，即便没有更强烈地感到幸福，也会更强烈地感到自己活着。尊严、道德、明理、高尚、优雅、忧虑、荣耀……皆是幸福追求的目标，我们会在这些竞争概念中重新定义何为幸福。

所谓合乎道德的行动，就是将德行视为真正的幸福。经历生命的历险，就是将超越自我视作幸福。与其说人追求幸福，不如说人追求配得上幸福。[①] "二战"抵抗运动中的地下活动者既非"幸福的傻瓜"，也非"智者"：之所以投身抵抗运动，就是因为对现状忍无可忍。也许，政治上的信仰迫使他采取了行动，放弃对他而言可能是幸福的东西：与家人共度与世无争的平静生活。当然，在参与抵抗运动的过程中，他也有可能吃惊地发现，原本以为的幸福并不是幸福。

① 参见：Kant, *Critique de la raison pratique*（《实践理性批判》），Folio，1989，p. 153.

＊　　＊　　＊

思考不会使我们幸福，然而，它却会与行动一道，激发我们创造出幸福。

思考不会为我们带来幸福，然而，它却让我们更强烈地感觉到自己活着，既能承受更多幸福，也能承受更多不幸。幸福的傻瓜手中握着一把折扇，上面仅仅提供了极为有限的生存方式。愚钝让他的生命缩了水。

因为思考，我们感受到了什么是居安思危的幸福，什么是分享的幸福，什么又是岌岌可危的幸福，幸福还可以是争取尊严、自我超越、世事洞明……

因为思考，我们也有了更多不幸的可能：焦虑带来的不幸，耻辱带来的不幸，歉疚带来的不幸，甚至是快乐带来的不幸，明理带来的不幸……

思考带我们脱离兽性，一点点拓宽生命的可能，也因此丰富着我们的情感心绪。

思考的过程，会不会也是失去幸福的过程呢？失去了幸福带来的充实、满足，不再以平和的心态看待世间的一切，既来之则安之？——换句话说，思考有没有可能让我们忘记了幸福本身呢？极有可能。

第二问

人为什么要遵守法律？

"这就是法！这就是法！"

(牢笼中的兽人齐声诵唱，一位身着白色罩袍的学者在训练他们。)①

---

① 语出唐·泰勒(Don Taylor)导演的电影《冲出人魔岛》(*L'Île du docteur Moreau*)，1977年上映，影片改编自乔治·威尔斯(H. G. Wells)的科幻小说。

世间有恶，故有法。无政府主义者常以人性本善为由，试图证明法律完全没有存在的必要。但如果你也认同，恶真实地存在于人性当中，社会上就是存在一些能威胁到他人生命安全、破坏社会安定和谐的人，那么，我们就有必要制定出法律，作为共同遵守的规则，一旦违反这个共同的规则，必将遭受惩罚。法律有权强制执行惩罚。

法律之所以成为必要的另一个原因，也是尤其站得住脚的原因在于，人在遭遇恶行之后，自然而然会生出报复心。

在法律尚未诞生之时，也就是人类社会处于"自然状态"的时候，人与人之间不断通过冲突对抗，强迫对方接受自己的"规则"，即丛林法则：谁的拳头硬，谁就是老大。但强者恒强是很难做到的，他不能确保自己永远不受弱者的报复，强者本身也处在恐惧当中。冤冤相报，这是毫无疑问的，没有了结的一天。

法律的天职，就在于终止这种无休止的报复链[①]：警告有意犯罪的人，一旦实施行动，社会将给予他怎样的惩罚。遵守法律，代表人的原始冲动被文明驯化，脱离了复仇这个人类社会特有的悲剧式死循环——我们可

---

① 从这个角度看，《圣经》中提出的"同态复仇"（"以眼还眼，以牙还牙"）已经具备了现代刑法的理念，它不是通常意义上的复仇，而是要终止复仇，其中包含了"罪行/惩罚/弥补"几重性质。

曾见过动物实施报复？为了终止这种原始的暴力，人必须遵守法律。

然而，"二战"时期无数的德国纳粹及法国的纳粹合作分子，也会用必须守法这一点来为自己的行为辩白。他们声称自己所做的只是"遵守法律"：战后审判时，这一点往往成为他们为自己申辩的唯一理由。遵守法律既可以是摆脱暴力的方式，也可以成为我们这个时代与野蛮行径狼狈为奸的托词。

不遵守法律，也可以是一种公民行为的表达。1968年，马丁·路德·金因参与抗议种族隔离法的游行示威活动，被捕入狱。此后，美国及世界其他地方的抗议者们常常打着他的旗号，合理化自己的违法行为。这些行为除了说明他们缺乏基本的公民素质，再无其他解释。他们很可能没有读过马丁·路德·金所写的《伯明翰监狱的来信》，里面说："我并非像极端的种族隔离主义者那样支持逃避和对抗法律，那会导致无政府状态。要打破不公正的法律，必须是采取合法手段，而且要有接受处罚的准备。我认为一个人去违抗法律是因为他意识到那是不公正的，而且还要有坐牢的心理准备，以此来唤起民众的关注，这才是对法律最高的尊重。"[①]

这当中真是充满了矛盾。

---

① 约瑟夫·希斯与安德鲁·波特在《叛逆国度：为何反主流文化变成消费文化》(Joseph Health & Andrew Potter, *Révolte consommée*, Éditions Naïve, 2006)一书中引用过这段文字。

遵守法律，可能成为反人类罪行的帮凶。

违抗法律，反而可能是对正义和社会的维护。

这样说来，我们还要不要遵守法律呢？只需要将好的律法与我们应该抗争的坏律法分辨开来，这样回答可以吗？

维希政府的法律规定，犹太人必须佩戴一枚黄色的星星作为标志，我们从道德的角度认定其为恶法，拒绝接受。然而，道德真就能告诉我们什么是"良法"吗？强制将长年生活在法国，与出生国早无关联的非法移民遣送出境，你能说这是良法吗？究竟怎么定义良法？美国加利福尼亚州的法律规定，杀了人要判死刑，而在法国，杀了人判处十六年有期徒刑，可以说给了罪犯赎罪的机会，但同时，不也存在累犯的隐患吗？这两种刑罚，你能说孰好孰坏？这几个例子已经说明：道德也许可以帮助我们分辨哪些是恶法，却无法告诉我们哪些是良法。遵守法律，有时就意味着放弃道德。德国人拥护过魏玛共和国建立的卓越的人道主义法，也拥护过替代魏玛法的法西斯法律制度。你说是为什么呢？

这里不止涉及良法恶法。如何遵守或违抗法律，可能是更为关键的问题。德国人一开始可能用一种不好的方式遵守了魏玛法，这就能解释他们接下来为什么不知道违抗纳粹法……如果这当中涉及方式，或者说态度，那问题就变成了：我们该如何遵守法律？是做个"良民"，自觉遵守国家法律吗？我们要怎么做，才不至于沦为当初的德国人，条件反射般地先是拥护魏玛法，后又拥护纳粹法？

一、自觉守法，才能避免天然暴力的伤害

大多数人不会思考要不要遵守法律这个问题。事实上，我们每天都生活在各种规则里，路上要等红灯、要遵守自己国家的法律，它们不是经过思考做出的行为，而是出于一种自发、一种习惯。感觉一切照此运转才是正常的，除此之外都不行：就像必赴的约会、固定的工资一样……既然我们已经生活在民主制度下，有人民代表专门针对法案进行讨论，还有什么必要提出遵不遵守法律的问题呢？再说，单就问题本身来看，属于没事找事，提出这种问题的人，要么尚未成年，心智不成熟，要么就是哲学家，尽做无用的诘问。答案，明摆着是肯定的。遵守法律，和遵守规则一样，早已渗透在我们的日常生活当中。

一上来就说要守①法，显然值得怀疑。这种遵守，与其说是公民素养，不更像是奴性的体现吗？与其说是文明的象征，不如说它代表了人类的从众本能？想想排队的人群是怎么回事。一旦加入其中，你只会自动占一个位置，完全不去多想背后这个共同遵守的规则。每个

---

① 这里用"obéir"（服从）、"appliquer"（执行）似乎比"respecter"（遵守、尊重）更恰当，因为"respect"这个词有经过慎重思考的含义，甚至牵涉道德意志，此处的语境显然不符合。

人都想站到他人前面去，然而一旦大家都试图这么做，整个队伍就会陷入混乱，反而会拖慢前进的速度。共同的规则其实为站在队伍当中的每个人提供了方便。遵守规则，对大家都好，这是文明社会应有的面貌，因此，你又很难说它出自奴性，是愚蠢的从众心理作祟。还要明白的一点是，这种利于大家的规则，不需要百分百合理、百分百"向善"或符合道德。你也许会质疑为什么要以先来后到决定等待的次序，而不能是年龄、疾病、每个人的时间安排等因素，但规则是怎么制定的其实并不重要，关键在执行……

为便于理解，我们举个更极端的例子。两名杀人犯在偷来的车中被捕。警察认定他们就是作案分子，但因没有证据，于是将二人单独隔离，承诺他们："只要揭发同伙是杀人凶手，就不用因故意杀人坐十年牢，只承担盗窃车辆罪一项，判个一年。"假设两名嫌犯预先没有通气，制定一套共同遵守的规则，那么他们就有可能相互揭发(结果两个人都被判处十年监禁)；又或者其中一人保持沉默，遭到另一人的揭发(结果一人判十年，另一人判一年)。假设他们提前统一了口径，同时"保持沉默"，都不开口，结果就是双赢(两人都只判一年)。[①] 很明显：之所以要按规则行事，不是它符合道

———————

① 这种两难境地在经济学上被称为"囚徒困境"或"塔克困境"。

德，而是因为对大家(身处其中的每个人)都有好处!

小到简单的规则，大到法律，都是如此。故法律不等于道德。

大多数时候，人守法，不是因为想到了对自己有利，但即便如此，他们还是能做出对自己最有利的选择……这又是为什么呢？人为什么懂得这种处世之道？

国家最早能产生，并不是依靠人与人之间突然迸发的友爱互助。为了消除因财产失窃或死亡导致的恐慌，部分土地所有者达成一致和默契。一群人的天然自由与另一群人的天然自由发生了严重冲突，没有谁是赢家。没有了安全感作保障，这样的自由宁可不要。大家需要一个更高更权威的东西来作依靠，于是便有了国家，它要每个人遵守公共规则，以确保所有人的安全。霍布斯专门解释过，人类为什么会接受这份最初的契约。所有人都要将自由及武器交付给"利维坦"[①]，换得安全。国家的建立就源于这份以天然自由换取社会安全的原始契约。[②] 与其要所有人处在永恒的恐惧当中，不如只对唯一一个人、一个全能的人感到恐惧。利维坦手握特权，行使合法暴力，其他暴力不再受到法律的保护。之所以

---

①　取自《圣经·约伯记》中海怪的名字。

②　1651 年出版的《利维坦》卷首有一幅插图：巨人利维坦在画面中央，头戴王冠，卷发及肩，他庞大的身躯实际由无数个小小的臣民、"杂众"组成。也就是说，作为政治体的国家是由一个个自然人联合起来，授权国家以公众的名义进行治理。

要守法①，是因为有了法，我们才能摆脱恐惧；执行法律，为的是人可以将心思用来做别的事情，不再仅仅为生存而抗争。安全得到保障，获得了远离暴力的生存权，人才真正掌握了财产，也才可能有科学和工业的发展，享受世间所有的美好，这也是霍布斯书中写到的。

在等待的队列中占据一席之地，就能将注意力转移到别的事情上，不再只想着怎么争个你死我活。这种处世之道源于我们最初许下的承诺：本能地服从，其实是不断重复一开始的想法。必须遵守规则，因为我们已经身在游戏当中，承诺过不再使用暴力。

更为复杂的地方在于，我们事实上又没有真正"做出过承诺"。霍布斯的利维坦不过是书中虚构。历史未曾见证、书写过这样的承诺。原始人没有真正围在火

---

① 这里的法，仅指在"利维坦"实施的法令，带有专制主义的特征。正因为这一点，有人质疑霍布斯为专制主义辩护。这种质疑不是没有道理……在他构思《利维坦》这本书时，欧洲大多数国家的民众，已经习惯于生活在政教体制下。由于想生活在一个长期稳定和平的环境中，远离恐惧骚乱，他们"心甘情愿"服从于政教体制。既然如此，霍布斯又有什么必要再写一本书，向 17 世纪的英国老百姓们证明服从君主的必要性呢？17 世纪爆发了英国资产阶级革命，欧洲王室争权夺利，新教萌芽引发政教震荡，商品经济发展，这一切使英国走向内战，并最终导致 17 世纪末君主立宪制的建立。由此，我们有理由怀疑，霍布斯是想借人人为敌这种残酷的"自然状态"，掩盖当时英国社会真实的政治、宗教与社会危机，以此证明君主一人行使绝对权力的合理。

旁，商量怎么走出"原始状态"。那么，这个虚构的情节要说的是什么呢？不是非得签一份合约，才能说你在某个规则中。从社会进入和平状态开始，人事实上就已经在契约关系中了。一方面，享受人身安全(警察等暴力机关)、社会保障(各类保险、看病就医)等权利；另一方面，履行遵守法律的义务。大家对照自身好好想一想：你是从什么时候开始守法的呢？好像没有一个确定的时间。这份守法契约，又是在哪一天得到了大多数人的同意？从来没有。但我们实际上却在执行它规定的内容，好像这份契约真的存在一样。可见，我们对法律的信守服从到了何等自觉自愿的程度。

遵守法律这条处世哲学，除了说它来自最初许下的承诺，还可以说这是一种对等交换意识。保命，就得付出代价。我愿意以自由为代价，交换人身安全。国家可以出于安全目的，检查我的身份、打开我的汽车后备箱、调查我的私生活，为了个人安全，我甚至主动迫切地要求国家这么做，但相应地，我也要求国家必须保障我的人身安全。人一旦处于不安全的社会环境，哪怕仅仅是感觉到自己不安全，法律的权威就受到了威胁。倘若国家无法保证我的人身安全，那么双方的契约终止，我就要重新拿回我的自由。① 从这个意义上说，遵守法

_____

① 霍布斯认为，在这种情况下，不遵守法律是权利，甚至是一种必须。利维坦也要保证自身建立的必要性和合法性。

律不是因为人有道德，而是因为人有私心。

遵守法律还有一个原因，就是我希望他人也能像我一样遵守法律。你只要留心观察过公共卫生间门上写的文字，就不难明白，社会生活要求的其实并不是人的道德："请始终保持卫生间的清洁，就像您走进来时希望看到的那样。"翻译过来就是：保持卫生间的干净，并不单单是一个尊重他人的问题，而首先是为了你自己能享受到它的干净，这是你和他人的共同利益。这句话看似平淡无奇，却揭示出人类社会运转的深层逻辑。《新约》中其实已经出现过类似的表达："你希望他人怎样对待你，你就要怎样对待他人。"如果一开始，我们抱定的念头是用道德构建社会关系，这句话就要改成："你认为什么利于他人，那就去做什么。"两句话产生的效果，当然不一样了……以道德召唤人们守法，是没有作用的：良知及当中牵涉的利害已足够提供动力。第一重利害，就是不要堕入原始的暴力当中。法不等于善，但它"好过"原始。执行法律时，我们可能没有经过太多思考，但法律有什么好处这一点，我们心里还是有数的。

所以你会看到，不管是处在叛逆期的孩子，还是持怀疑论的哲学家，只要他们敢对是否应该遵守法律这个问题提出一丝质疑，就会立即遭到发难乃至攻击。你有什么理由，竟敢冒天下之大不韪，散播威胁公共安全的种子？

霍布斯命名的"公民联合体契约"，事实上掩盖了一种生存反应：明明出自本能，却假装好像经过了思考。[①] 生存活命，是人最突出的"本能"，所以相比公平正义这些东西，人更看中彼此和平共处、相安无事。歌德就曾经说过："宁可不要公正，也不要混乱。"混乱无序的状态可能威胁到每个人的生命安全[②]，而不公只会威胁到它的受害者。

"宁可不要公正，也不要混乱"，这也是苏格拉底最后用生命教给我们的道理，只不过他的出发点不同于歌德。雅典法庭以危害公共秩序、腐蚀毒害青年为罪名，判处苏格拉底死刑。行刑前一晚，苏格拉底曾有过逃亡的机会，但他放弃了。面对质疑他做法的弟子，苏格拉底坚持一点，法庭对他的审判的确有失公允，但他必须遵守最终的判决。他知道，一旦破坏法律的权威，他就给所有雅典人树立了一个坏榜样——因为公民必须

---

① 这里要对"选择"这个概念本身提出疑问：选择生而不选择死，能称得上一种"选择"吗？我们又想到人在面对不完美的法律规则时，是怎样为自己找理由，说没得选的……一旦意识到，自发的服从当中包含求生的本能和对死亡的恐惧，那么这种自发带给人的震撼就大大降低了。人服从法律，被自动定义为"政治自由"，想象它出自一份"社会契约"，但实际上，这种服从背后掩盖的可能只是求生欲。人所有适应社会的方式和技巧，也许都来自最原始的本能。

② 在这种情况下，"遵守法律"的弦外之音是：因恐惧而不得不遵守，我们害怕回到原始无序的暴力状态，不得已只好受制于法律。

维护法律的权威，必须将法官们的判决合理化。① 终其一生，苏格拉底都受城邦法律的保护，而眼下正是这些法律条文中的某一条将他判处死刑。苏格拉底即将死去。他自愿赴死，这一选择意味着什么？法律可能并不完善，执行也可能并不公平，但违抗法律带来的危害更大。如果因为法律有任何瑕疵就不去遵守，社会不可能建立起来。社会是张网，个人的行为不仅仅牵涉自身。我们的举动并非暴露在上帝的眼皮下，而是在他人的注视中——看到一个人不遵守法律，其他人也会滋生不遵守法律的念头。

苏格拉底明白，遵守一条不适用于自身的律法，其实反映出人类群居的需要。民主制度下，即便投了反对票，也要遵从少数服从多数的原则。和苏格拉底的选择一样，不同意某一条法律不代表不去遵守执行。持不同意见，并不影响对核心问题的认同：大家需要在社会中共同生活。任何一位"好公民"，虽然没有庄严宣告过这一点，但在遵守法律的同时，他就在一次次地公开表态。遵守法律，不仅是个人生存的选择，也是公民身份下的本能：人需要在社会中生活。

当然，这种态度也存在极大风险。遵守法律，如果

---

① 他之前扰乱过公共秩序，所以现在也有可能违反公共决议。他之前腐蚀、毒害过青年人，所以现在也有可能"毒害、腐蚀"法律。

仅仅出于公民身份的需要，那么对法律本身的关注就可能缩减淡化。坚持做守法的"好公民"，也可能让我们不加分辨地盲目接受法律中原本不可接受的部分。

接着苏格拉底的例子来说，反抗不公平的法会威胁到法的存在，但要永不反抗，我们到最后可能连反人类的法都接受了。维希政府出台最初一批反犹法案的时候，执行这些政策的人，其动机很可能不是出于反犹情绪，也不是怕遭到惩罚，而仅仅是无法想象人可以不遵守法律。[①] "公民本能"说到底还是一种本能反应，并不是深思熟虑的结果。人对事物的判断力和身体肌肉一样，需要经常训练才能维持。条件反射般地遵守法律，判断力就失去了发挥作用的空间。维希政权下的法国，极少有人反对最初的反犹政策。1942 年，4200 名公务人员参与了"维尔迪福事件"（rafle du Vél d'Hiv），执行对犹太人的围捕。这些人并非各个奸恶，反而有很多恪尽职守：他们从来没想过对不对的问题，只是机械地执行法律，照章办事。

二、自觉守法，也可能带来最大的危险

遵守法律出于利益、惯性、生存本能或公民本能，无关道德。这似乎成为共识。但假如有一天，反人类的

---

① 有些人可能处在分裂状态，道德上谴责不人道的法律，却出于效忠国家的心态执行这些法律。

制度出现在历史舞台上，人类就必须拿出道德这样武器。简而言之，遵守法律本无关道德，但必要时，当我们面对反人类的制度，道德感会被突然唤醒，对抗这样的制度。在这种情况下，机械地服从反而可能麻痹这种道德感。

一开始，人是从真实感觉出发来认识法律的：它是对人身自由的限制。禁止停车、按时缴税、不允许私力复仇……这么多的自发行为都为法律所不容。但在惯性推动下，人已经不觉得法律构成了对人身的限制。[①] 人对这种限制变得麻木，失去了知觉，它好像成了一个自然而然、理所应当的东西，人之所以要守法，是因为人一直以来都在守法。习惯是人类作为高级动物的第二天性。常识认为，"人会习惯一切"，尤其习惯服从。服从往往比反抗容易得多。比起服从，反抗的过程经过了犹豫反复，要下很大的决心。举棋不定、深思熟虑、痛下决心——这些词都反映出人所面临的道德困境。对法律的惯性服从，可能首先会影响人与世界、他者的道德关系。人与世界的道德关系，当中包含了人念从私与人心向善这一对矛盾，至少也有对什么是善的思考——这都是惯性行为不具备的维度。

就更大的层面来说，这种对法律的惯性服从正反映

①　直到今天，堕胎在希腊或爱尔兰仍被法律禁止。一位女子若遭强奸致孕，即便她主观上不愿意，也必须保留胎儿，这就是所谓的"人身限制"。

出现代人的生存危机：人的反应力、判断力、意志力——即尼采所说的一切个性优点——都在减弱，变得迟钝。我们无力反抗一项反人类的制度，不是因为分辨不出什么是恶[①]，而是因为作为个体的我们已经丧失了起身反抗共同规则的习惯。尼采发出过警告，社会化为人提供了一个舒适圈，人在其中自觉自愿地拥护法律条文，"丧失了自然状态"：自然状态下的人，随时都有生命危险，于是始终保持警惕，所有的神经官能处于高度戒备。不法之徒逃避法律制裁，也就重新尝到了恢复自然状态的滋味。以身试法对人的心理诱惑，可能正在于此。

法律属公共规则，而我们每个人却是单独存在的个体。服从一套为所有人制定的法律，从根本上抹杀了个人的独特性。法国规定年满十八周岁为成人。然而，有些人可能十五岁就成熟了，有些人一辈子都未必成熟。尼采认为，人之所以迫切地想要服从于共同规则，只是出于对独特、唯一的恐惧。服务于社会生活的法律规则，表达的是"最小公分母"，不允许有任何个性化的东西凌驾其上。制定法律，就是为了让羊群活得像羊群。大家日复一日地遵守同一套法律规则，就会忘记自己作为个体的那一面。在这种情况下，当有一天遇到了

---

① 写下《善与恶的彼岸》的尼采显然没有发展这样一种道德观念……

极不公平的法律时，人是很难凭一己之力起身反抗的。

尼采认为，权利的起源是弱者战胜强者。强者为什么败给弱者？原因在于弱者人多势众。走投无路时，弱者就会对拳头下的真理说不。因为无法忍受自然"法则"，也无法忍受生存"法则"，于是，弱者们创造出社会规则，甘愿臣服于这样的规则。我们也可以将强者与弱者的斗争理解为人身上强与弱两种力量的斗争。弱者出于恐惧，故而要争取权利；为了不让某个人的规则称王称霸，故而要依赖法律。①

霍布斯提到的"社会契约"，首先是一份"安全协议"，源头当然还是为了消除恐惧。出于恐惧，人不得不抱团生活，经历社会化的改造；出于安全，人不得不服从法律，哪怕付出自由的代价，也要获得安宁。假如上述一切成立，那么，在面对一条既不涉及个人利益，又不威胁公共秩序的反人类制度时，我们又有什么理由执意反抗呢？既然维护法律的唯一动机就是为了"稳定和平"，那么除此之外，我们还有别的选择吗？人因恐惧创造的东西，又怎会有勇气反抗？

我们也更清楚地看到，当一部分人只顾着拥护法

---

① 他是如此地害怕，到了建立必须遵守法律这一义务的地步。尼采驳斥说，所有责任义务，包括宗教的、道德的、公民的……不过是弱者们创造出来，夺取强者手上权力的幌子（弱者的把戏）。当然，与遵守法律这一义务同时诞生的，还有另一种义务：服从上帝的旨意。

律，忘记自己同时也是独立的个体时，就可能在不知不觉间沦为极权主义的工具。专制独裁企图万世永保，采取的策略就是让民众成为拥护法律的机器。这里涉及一个政治效能的问题。卢梭有言："即使是最强者，如果不能把他的强力转化成权利，把服从转化成义务，他就不可能强到足以永远当主人。"①专制独裁靠的不仅仅是强力，还有人性对法律的天然顺从……暴君怎能不利用这一点呢？

早在纳粹主义②诞生 50 年前，尼采就说过，不要服从那些太过笼统的法律，要服从强力意志。这种激进的个人主义原本与纳粹的政治计划背道而驰，但最终呈现的结果却是民众拥护纳粹法。极权主义之所以在 20 世纪"开花结果"，不仅仅因为人性中存在邪恶、攻击与种族主义的因子，或者说它是人类历史上突如其来的恶，也归咎于尼采揭露的人性对法则的服从。法律的初衷是保护人，使其远离邪恶、暴力与恐惧的伤害，然而它在纳粹统治时代却成为人间至恶——工业国实施野蛮行径的帮凶。打比方说，德国，当然也包括部分的法国，就像遭受强奸的妇女一样，因为堕胎违法，不得已只能留下腹中胎儿，但终其一生都怨恨这个孩子。她们

① Jean-Jacques Rousseau, *Du contrat social*（《社会契约论》），Livre I, chap. III.

② 尼采最蔑视某种以恪守纪律和国家主义为特征的德意志精神，他只看中每个人的自身价值。从这一点就能看出，尼采根本不是纳粹主义的先驱。

其实是在恨自己，恨自己没有勇气对抗法律。有恶法存在，凡法律皆过于笼统：这两点倒可以成为我们怀疑法律的理由。一切"泛言"①都是对个体的威胁，尼采早就发出过警告：任何"普遍"都可能成为暴君。接下来的问题是，人怎么能如此轻易地服从法。

人能轻易地服从法，乃至暴君、惯性、上帝等事物，可能是想借由这种机械的服从，逃避绝对自由带来的重负。对比一切形式的"决定论"，萨特提出"绝对自由"的概念，确实大胆。他的解释是，以"决定论"来证明行动受制约，这是人的懦弱和自欺。社会可以决定一切吗？它不过提供了一个初始处境。本能可以决定一切吗？人在选择自杀或绝食抗议时，可没见它发挥作用。因此，萨特坚称人就是拥有绝对的自由，鼓吹"决定论"的人只是为自己开脱，不想背上"混蛋"②的恶名。他们机械地服从法规，自我欺骗，推卸身为自由人必须承担的责任，向刻在人类骨子里的奴性缴械投降。

更可怕的是，人会在这种机械的服从中感到愉悦和满足。这也可以解释为什么极权主义会在 20 世纪肆虐

---

① 这里指司法过于笼统的缺陷，但它同样涉及哲学（例如在自由这一个宽泛笼统的概念下，可以有无数种关于自由的形式、对自由的认知……）、科学法则（带有普遍性和必然性的法则，实际偏离了现实的丰富性），甚至是日常用语（例如"桌子"这个词仅仅是概括，现实中的桌子其实是各式各样的，因此，我们就需要非理性的、诗化的、格言式的隐喻的语言）。

② Sartre, *L'existentialisme est un humanisme*（《存在主义是一种人道主义》），Nagel.

横行。单凭畏惧惩罚这一点，不足以说明为什么有大批民众服从极权，更解释不通为什么有人甘愿为极权卖命。① 究其原因，也许正是为了摆脱自由这个沉重的负担——逃避自由带来的愉悦不是我们平常所说的高兴、快乐，它是一种满足，隐藏在内心深处，与痛苦、歉疚并不矛盾，可以同时存在于一个人的身上。

自觉守法，不单单是出于纯粹的求生欲或公民本能，还因为当中包含了愉悦满足。自由何尝不是一种负担：它要求人对自己的选择负责，煽动焦虑。相反，机械地服从法律法规，不但可以用极少的代价缓解自由之重负，还能落个良民的名声。火车司机毛努尔的例子就很值得深思。这个小伙子本身并不是反犹分子，但"二战"期间，他却运送了无数犹太人前往集中营。他怎么就没想过违抗纳粹的命令呢？为了保住自己的饭碗？出于对当权者或立法者的盲从？还是循规蹈矩式的工作已经让他彻底丧失了道德意识？都有可能。但还有一个答案，也许他自己都不愿意承认，那就是这样的行为带给他愉悦和满足。当然，不是一般人理解的高兴、快乐——当时那种处境显然不容乐观——而是一种藏于内心深处、难以察觉的满足：他终于从沉重的自由里暂时逃开了，可以拿没得选当理由安慰自己，像台没有意识的机器，一次次开动列车，也在一次次执行纳粹的命

---

① 众多研究表明，纳粹德国是一个相对"温和"的警察国家：违抗纳粹法的人既不会被枪决，也不会被逮捕，顶多丢掉工作。

令。他对自己说，这不是你的错，你也无能为力，然后就只剩无尽的沉默。

机械式的服从，是人为开脱责任所找的借口。"不关我的事，我只是在执行法律的命令"：这是战后清算罪行时，纳粹官员的典型回应。从更普遍的范围来看，人一般会从三方面合理化这种机械式的服从，要么说它有必要，要么说它符合道德，再来规则本身具有合法性。关于萨特揭示的自欺，我们可以列举以下三种典型状况：

第一，因为害怕惩罚，害怕回到杂乱无序的原始状态，所以人就没有选择余地了吗？答案是否定的。法律既然能预先假定违法行为，就说明人可以选择遵守或不遵守法律。[①] 甚至可以说，法律，通过预先假定人的违法行为，在"煽动"人的自由。

第二，遵守法律，是道德义务吗？答案还是否定的。道德义务的本质，在于它由人的内心生发。因此尊重他人，不应是出于父母、警察等任何外力的强迫。

第三，法律是相对而非绝对，具体要看它所处的时间空间。司法机关审理同类案件，例如都是情杀罪时，在同样尊重人权的前提下，也可能做出完全不同的判

---

① 这是人间律法与自然法则的本质区别。科学揭示的自然法则没有留给我们选择的空间。比如，我的身体向下，这是万有引力决定的，我只能接受。自然界由必然性主宰。人间律法却有选择的空间。

决。你能说哪种判决才是正当合理的？①

　　法律只能是合乎法律本身的要求……遵守法律，既非必然，也无关道德。让我们感到惊讶的是，人类总善于为自己营造出一种被逼无奈、不得已为之的假象。真实的状况却是，人因为服从得到了心理上的舒缓，能活得心安理得。如果我们就此提出质疑，对他们无疑是一种威胁。让人恼火不说，甚至会引来仇视攻击：这样的质疑，又一次让人感受到了肩头沉重的自由，并陷入深深的自我怀疑……

---

　　①　关于法律正当性的来源有多种说法，乍看有道理，但稍加审视都能看出其中的局限：过去和传统可以作为法律正当性的来源吗？短时间内也许可以，但总有一天，过去要站在当代这个法庭上，接受当下的审判，1789年就是例子。那么，未来或者说历史的方向可以作为解释吗？我们看到，有多少滔天罪恶就是在这种所谓更高级的历史正当性下酝酿的。德意志第三帝国的法律打着"新人类"、改造灵魂的旗号。当斯大林时代的法庭将反对派判处死刑或送往古拉格集中营时，见证过莫斯科大审判的一些共产主义人士回答说，"历史会做出审判的"。人类天性、理性、自由这样带有普遍性的原则可以作为解释吗？法律与这些原则当中的某一条吻合，或是与人权吻合，都不足以证明它的正当合理。法律的"实质内容"（司法体系集中呈现的价值）可以作为解释？有一些法律，例如拿破仑民法典，有可能将历史上为自由而战的结果具体化；也有一些法律，例如美国的爱国者法案（*Patriot Act*），却可能对既有成果构成威胁。有平等的法律，也有不平等的法律，例如印度法就将种姓制度延续至今……在某处具有正当合法性的法律制度，到了另一处可能就不再正当合法。价值观之间没有客观的评价标准，只有非此即彼的斗争。

追溯渊源，法律在西方与宗教有关。我们的文明是最早的一神教——犹太教的产物①，它是一门以律法为根基建立的宗教。耶和华授命摩西将神圣律法刻在石板上，人类遵从神的诫命，从此有了真正意义上的社会生活。西方人听到"法"，潜意识就会联想到这个典故。法律的前身，即上帝的诫命。以宗教信仰为背景，今天的人谨守法律，正如曾经的信徒遵行诫命。在自觉守法这一点上，是没有所谓批判精神的。

既然法律不可能做到百分百正当合理，那么在人与法律之间建立这样一种服从与被服从的关系也就失去了意义。人对法律的服从变得荒谬：法律可能并不公正，既然如此，又有什么必要用这种人为建立的不公来替代天然的不公呢？

我们头脑中可能会突然冒出放弃法律的想法。部分无政府主义者认为，社会稳定和谐是自然调节的结果，这样的社会完全不需要法律。同样的观点在经济领域也被超自由主义者们奉为金科玉律：排除一切规则，市场就可以达到"天然的"最佳状态。然而在上述两种情形中，一旦放弃追求平等，代替平等的不是别的，只能是丛林"法则"，也就是服从暴力。法律并不是完美的，但在限制暴力方面，我们至今还没有找到比法律更行之有效的措施。从这个意义上说，我们既不能放弃法律，

①　更准确地说，它是犹太—基督教和希腊文化共同的结晶。

也不能只知服从。服从之外，要多问问为什么，哪些应该遵守，哪些值得商榷。这当然是劳心费力的事。问题的提出也取决于具体的时间、空间，但我们若想真正构筑起人与法的良性关系，这样的疑问绝对必要。

三、服从法律的同时，既要警惕法律本身，也要警惕人对法律的服从

民主诞生之际，实行的是直接民主，而非代议制民主。雅典公民聚集在广场上，举手表决。表决前先进行辩论，提出大家共同关心的问题。民主融入了古希腊人的日常生活，凡事共谋共商。现代国家，从规模与复杂程度来看，都不可能再继续实行直接民主，于是走向了代议制民主。公民与法律的关系不再像古雅典时候那样，要去一步步完善、建立法律，而是直面法律：雅典公民投票前，先问这条法律应不应该遵守；今天的公民则是在执行前，问这条法律应不应该遵守。我们不再生活在每天与他人对话商议的氛围中，更多的是与自己对话。日常议事之所以具有里程碑式的意义，在于它能从一定程度上克服人性当中的自私，逐步将我们塑造为公民。举例来说，我自动进行纳税申报，前提是不申报可能遭到处罚，在这种情形下，我没有一刻是站在公共的立场考虑问题，我的个人意识远远高于身为公民的使命感。但如果经过一番理性的思考，我想到社会财富再分配的必要，克服了天性中利己的一面，最终做出纳税申报的决定，这时，我身上的公民意识就超越了自我意识。行为上也是这样。前一种情形下，我还是我；后一种情形下，我不再是我：我已经成长为真正的公民。只有从集体利益的角度出发看待事物，才能逐渐意识、理解到自己在一个公共的生活圈中，与他人建立联结①、互帮互助。

被动式的服从，反而不容易在个体间搭建起这种联结，因为服从的动机之一正是为了个人的舒适安宁。被动地服从法律，也不会让一个人成长为公民：法律认为人原本就是自私的，也接受人的自私。我们不是因为没有其他选择才来遵守法律；我们是想变得更好，才提出是否应该遵守法律的问题。身为公民，我们对法律的思考，不能仅限于它可以避免人与人之间的伤害，也要明白，遵守法律，会让我们变得更好，成为更有素质的公民，甚至散发出更多人性的光辉。② 对法律，不单单要服从，更要尊重，像我们尊重他人一样尊重法律：不再

---

① 假如没有这种联结，我们会不会就真的愿意违抗那些威胁他人利益的法规呢？

② 我们发现，政治思想总是以人类学的假定为基础。这里，我们的假定是，人可以不断完善自身，趋向完美，人与法的关系可以帮助人更好地呈现天性中向善的部分。霍布斯认为，人类只不过是一种既聪明又自私的动物，知道怎么运用头脑中的智慧为个人利益服务。除此之外，别无他求。唯有理性才让人与其他动物有了区别。卢梭则认为，人类因"可完善性"区别于其他动物。

被动地接受，而是主动地思考，这种方式的转变也会让人脱胎换骨。当你像机器一样执行法律的时候，你并没有尊重法律，只是在容忍它。一味地服从，不去想为什么服从，那我们就永远成不了真正的公民。不断提出问题，至少尝试去思考问题，反而有助于我们成长为真正的公民。既然是公民，就要有自己的思考，就要付出相应的努力。不存在现成的"公民本能"。

在现代民主中，我们一方面要自觉守法，另一方面又需要共同协商，因为只有协商才能走向更好的未来，这两者之间必然存在矛盾。我们既没有就法案进行过全民辩论，也不能冒着对全社会不利的风险，听凭一个人做出决议。[①] 这样看来，我们似乎只能接受这种被动式的服从，它虽然保证了社会秩序，却威胁到作为个体的人。

我们要如何在这两者之间求得平衡，该服从时服从，同时保持一颗清醒的头脑，该对抗时对抗？

自觉守法，为世界创造出和平，也为人类思考未来提供了框架。这种自发性，也许是因为人受制其中，也许是反复灌输产生的条件反射，但不影响接下来对这个

---

① 事实上，即便我们有能力也有意愿对法律进行严格细致的考察，这种考察或许有益于个体，对全社会来说不一定是好事。将公共利益置于无数个体的主观裁定下，不利于社会秩序的稳定……个人可能成长为"公民"，社会却也可能陷入危机，这是矛盾的地方。

问题进一步思考，思考过后，兴许我们能找到更好的理由来遵纪守法。路上遇到的红绿灯可以拿来作比喻：红灯强迫人下意识地做出停下的动作，被动接受的同时，也留给了人思考的时间……自觉地服从法律，就是看到红灯后的第一反应。顺着这个观点，延伸到另一个历史事实：国家最早出现都是为了"约束人"，人宁可活在各种限制下，也不要忍受天然的不安全感。以限制为特征建立的国家，到了现代社会，却成为政治自由的化身、公民权利的卫士。早期的国家都实行专制独裁，人只能被动地服从；如今的民主社会，则以保障人的自由为宗旨。起初被迫接受的事物，也可能带给我们自由，想到这一点，顿生安慰。由此，我们也就能理解北欧一些国家之所以会实行强制投票的原因。

身为公民，参与选举当然是政治生活的核心体现。我们心甘情愿服从法律，但也要清楚地意识到，这种服从当中并非没有隐患。当你认识到你的服从是一种自发的、机械式的服从时，它就已经不是真正意义上的自发了——自发性受到了自身意识的干扰。服从法律的同时，我们既要警惕法律本身，也要警惕人对法律的服从。与人所能接触到的世间万物一样，法律有其自身的缺陷，人对法律的服从当然也有缺陷。法律面前，俯下的是我的肉身，挺立的是我的思想，这是我们应该保留的姿态。我的身体可能不自觉地服从指令，我的思想却清清楚楚地知道，麻木的服从是危险的。生活在打击恐怖主义的社会氛围中，我们一方面拥护、遵守新出台的各项规章制度（采集指纹、行李开包开箱检查），另一方面也看到，它们一定程度上侵犯了个人自由。服从规章制度的同时，我们也会对恐怖主义进行思考——这一现象到底为什么出现，又当如何应对——而不是认为单靠武力镇压就能彻底解决恐怖主义。即使面对不完美的法，我们也选择服从，与此同时保持理性的思考，不轻言轻信；反之，如果对抗，很可能出现混乱无序的局面，这是我们接受不了的。按照康德的说法："你们可以就任何事情随意争论，自由思考，但要服从！"[①]

对康德这种百分百的服从[②]，我们持保留意见：本着对自己负责的态度，人还是应该主动打破平静安逸的状态，保留一定程度的紧张。只有当人对自己的麻木感到不舒服甚至痛苦时，麻木的腐蚀性才有所降低，人才不会放松警惕。

这种"紧张感"至为重要，只有事先带着警惕，我们才会在面对不完美尤其是不人道的制度时，提出质疑

---

① Kant, *Qu'est-ce que les Lumières* ?（《什么是启蒙运动?》），Folio.

② 康德实际反对的是一个旧口号："不要思考，只要服从。"这样的条件没人能接受，势必引起反抗。反过来，让民众拥有思考的自由，可能会使服从变得更容易被接受，从而确保社会的正常运转……

甚至抗议。即使身体表现为服从，只要我的思想依然清醒，那么，我就不会像接受善、信仰或人类历史那样轻易地认同某条规则。纳粹及斯大林建立的法制都号称向善，引领历史朝正确的方向迈进，这些体制训练出的民众，就和军队一样，踩着整齐的步伐，喊着统一的口号，听从指挥。但假使我们明白，法从来不能与善画等号，那么我们在服从它的同时，也会在心中提醒自己，与它保持理性的距离，有了这个距离，思想就会武装肉身，在必要的时候给予它反抗的力量，拒绝接受强加于人的恶法，比如犹太人必须佩戴黄色星徽章、维希政权下的告密制度……

加缪说到斯巴达克斯起义："奴隶奋起造反同时为了所有的人。"①一个人不能接受的东西，所有人都不该接受。这种情况下，"造反有理"，因为造反的主体是大家、泛指的人。

问题到这里还没完。任何法律制度，都可能悖离人的主观道德。触犯道德红线，是我们对法律制度提出抗议的必要非充分条件。道德警钟拉响的同时，必然伴随对未来政治的憧憬展望。"二战"抵抗运动的参与者就属于这种情况：他们的反抗不是基于个人孤立的道德判断，而是为了法国的明天，要团结所有人建立一个更好

---

① Camus，*L'Homme révolté*（《反抗者》），Folio.

的"共同体"。对反人类的制度，必须奋起反抗，但这个反抗是在有组织有纪律的前提下发出的：以"集体"对抗"集体"，抗争的主体是全部人。我之所以反抗，不是要追求我一个人的自由，认为我的自由高过一切，也不是不想与他人共同生活在社会这个集体中，而是理想的集体生活、社会生活不应该是现在这副面貌。只有当它符合理想社会应该具备的面貌时，我才会遵守其中的法律制度。343 名自称"荡妇"的法国女性[1]公开宣布"堕过胎"，违反了当时的法律规定，但正是她们的行动促进了相关法律通过，最终将堕胎由不合法变得合法。与马丁·路德·金一样，她们违抗法律的结果是创造出新的法律。当然，行动的前提是相信自己的行动合乎道德，也顺应政治诉求的正当程序。

什么情况下该反抗呢？当一个人的道德意识唤起了他的政治追求——道德良知激发出政治抱负。这种起因下的反抗不但不会威胁到政治，还能为它提供养分，救它于水火。让·穆兰[2]的反抗有道理，苏格拉底的不反抗也有道理。让·穆兰生活的世界是一个不公平的世

---

[1]　1971 年，法国《新观察者》杂志刊登了"343 荡妇宣言"，包括玛格丽特·杜拉斯（Marguerite Duras）、让娜·莫罗（Jeanne Moreau）、西蒙娜·德·波伏娃（Simone de Beauvoir）在内的 343 名法国女性共同签署宣言，承认"我曾堕胎"。

[2]　让·穆兰（Jean Moulin, 1899—1943），"二战"时期法国抵抗运动领袖。——译注

界，他需要建立一个政治组织，改变一个世界。苏格拉底的时代，民主刚刚拉开序幕，当时的人也许享受着比今天更好的生活，反抗于是成为不负责任的表现，只会伤害到新生的民主。推翻了眼前的制度，你打算用什么来替代它呢?

*　　*　　*

守法，不是道德要求，而是政治义务。抗法，则既关乎道德，又关乎政治。

卢梭曾说："唯有上帝才是正义的根源。"①

想到人与法的关系，总不免笼罩着以法之名行恶之实的阴影。要解决这个问题，首先就要明白，法不等于善。

法律也并不完美，但我们必须遵守：这种做法听起来矛盾，却能带领我们一步步完善自身，接近完美。

反人类的制度，势必反抗：不能让人类历史开倒车。

哪些是不完美但仍要服从的，哪些是不人道必须反抗的：个中取舍，需仔细斟酌、谨慎判断……这不是一件容易的事，但没办法，现实如此。

人非兽，亦非神，困在矛盾的夹缝中：既要理性甄

① Jean-Jacques Rousseau, *Du contrat social* (《社会契约论》), Livre I, ch. VII, GF-Flammarion.

别法律，又要自觉遵守法律。

如何保持判断力？一方面警惕法律本身，一方面警惕对它的服从。有了警惕心——这个警惕绝非不满——我们才有可能在履行法律义务的同时，守住心中的道德红线。人可以守法，但不必爱法！

神与兽都无法体会生而为人的忧患。人从法，因为人非兽。人疑法，因为人非神。

第三问

美为什么吸引人？

死亡与美貌，这是深沉的事物两种：
两者都又碧又蓝，两者都虚无缥缈，仿佛
两姐妹，令人骇怕，也令人激动，具有同
样的秘密，谜一般同样玄妙。

　　　　　　　　　　——维克多·雨果①

　　① Victor Hugo, *Poésies* 3, Seuil, 1972, poème XXXIV, « *Ave*, *dea* ; *moriturus te salutat* »(《致敬，女神，将死之人向你致敬》), p. 567. (中文参考程曾厚译文：《雨果文集》，第 9 卷，北京：人民文学出版社，2002 年，第 930 页。——译注)

在大卫的画作中，革命家马拉刚刚遇刺。苍白的身躯垂在浴缸中，血迹斑斑。他的脸微微仰起，神色安详，看上去毫无痛苦挣扎。此时，就在卢浮宫的展厅内，男子凝视着这幅画作，久久不能离去——画中场景征服了他，他被俘虏了。沉浸的当下，这位观者的内心到底在想些什么？又在渴望着什么？他会在脑中模拟一场谋杀吗？还是想学马拉，做个仁人志士，为信仰献身？又或者，看到这幅《马拉之死》，就联想自己会不会有朝一日也像大卫一样出名？可能都没有，他赏画时只会想一件事：我还没看够画中呈现的线条及色彩。

当你说"这很美"的时候，就表明内心达到了一定的满足。所谓审美愉悦，无外乎就是聚精会神欣赏一件艺术品、一片风景、人的肢体或面孔时，内心获得的享受与满足。这种欣赏是纯粹的，无关功利。

我们不妨敞开了想象，假设看画的男子约了另一名女子，女子因为在杜伊勒丽花园碰见一个绝世美男，多耽搁了一会儿。怪只怪美男生得太过俊俏，把女子的心都勾走了。她的想法也很简单，不是要主动搭讪，盘算着怎么勾引对方，只是想多看对方几眼。当然，她若上前攀谈，想着怎么说一句话博得小伙子的好感，也不是不可以，但这样一来，她就从方才沉浸式的审美体验中跳脱出来，回归俗世庸常。哲学对此有一个专门的说法，叫作"审美享受"的终结。

一幅画，能让人迷恋到挪不开脚步，它满足的到底是怎样的心理需求？观画感受到的愉悦，到底是种什么性质的愉悦？

感官愉悦？部分是，但不完全是。人接触艺术品的方式的确是通过某种感官，大多依靠视觉或听觉，这没错。但你要知道，欣赏大卫画作带给人的审美愉悦和按摩带给人的感官愉悦可不是一回事。美能提供的情绪价值不是视觉层面可以概括的，它超越了感官。

那就是知识带来的精神愉悦了？也不完全是。领悟一幅画的美，不一定需要逻辑论证或知识铺垫。画中的马拉可能让你联想到革命者的大无畏，想到自由，想到死亡，这种种思绪不能说完全无助于审美愉悦的生成，但不是决定因素。一个人在史书中读到马拉之死的记述，可能不会像在画作前那样慨叹英雄的命运。所以说，知识并不能完完全全满足人的审美需要。

最费解的一点是，美尽管摄人心魄，但根本满足不了日常生活的基本需求：除了刚才提到的感官愉悦和求知欲，财富、权力，包括人人渴望享有的幸福，都与它不沾边。那些被美触动的瞬间，比如车内广播里流淌出的一段旋律，天空中千奇百怪、瞬息万变的云彩，只会让人静静欣赏，将名利烦恼尽抛脑后。美好像在提醒我们，人除了日常需求以外，还在寻找某个东西。美，让我们暂时脱离名利得失的束缚，面向自身。

美既然不完全来自感性，也不完全来理性，那它究竟满足了人身上哪一部分的需要？还是说感性与精神，兼而有之？它为什么能将灵与肉结合？

一样杰作或一片风景的美，首先只在表面：外表、"表象"，如色彩、比例等方面呈现出美。除此之外，我们也没法用更好的方式来定义什么是美：有时，外在的形式就是能提供一种直接的美感，你感觉到了美，但要解释为什么，又说不出个所以然来。

神奇的地方就在这里：美之所以迷人（拉丁语"fascinum"指魔法、巫术），在于它真的像魔法一样，能对人施加影响。这种魔力只可能来自外在的形式——"美的"形式。人作为高级动物，总自诩为了某种价值、信念而生……理性、语言让我们坚信自己优越于其他物种，但美丽的事物仅凭一个外表，就能把我们迷得神魂颠倒。

流于浅表的形式，为什么能从深处打动人呢？

一、美让人与自身和解

生活中往往存在许多矛盾，让我们的内心纠结分裂，左右互搏。要不要再喝一杯葡萄酒？这是欲望在和意志斗争。要不要报复？这是冲动与理智、本能与思考在斗争。当一部分自我战胜了另一部分自我时，就能下判断、做决定：当你把第二杯勃艮第葡萄酒拿到嘴边，闻到扑鼻的酒香，心想"这酒真不错"，此时，感觉战胜了理智。但转念一想，"好酒莫贪杯"，理智让你做出了最终的选择。放下杯子，你看到杯身映射出葡萄酒的光泽，觉得"很美"，到这里，问题的性质就发生了变化。"很美"，是一个不同于其他判断的审美判断：既不来自感性，也不来自理性，你不是在经历了内心一番挣扎矛盾后得出的这个结论，恰恰相反，你的内心和悦静穆。某物之所以美，不是因为我内心的某个部分认为它美。事实上，我身上没有任何一个"部分"能左右美。这正是美吸引人的原因之一：它让我们与自身和解。

驻足眼前这片美景，猛然间看到山头冲破云雾显现，听大卫·鲍伊的一首歌，被其中的旋律深深打动，这时候的我是与自身和平共处的。我的内心充盈完满，好像刹那间，原本在我身上发生的那些无休无止的分裂、斗争，都奇迹般地消失了。美，在不知不觉间让我真正放松下来，顺其自然。从这个意义上，我们说美让人与自身达成了和解。

当然，我们也能从美以外的渠道获取精神上的充实，比如工作、性爱都能带给人满足感——这时候的内心也不存在任何理性与感性的冲突，只是两方中有一方发挥了主要作用：工作中的成就感来自理性，性爱中的满足属于感官体验。审美愉悦特殊就特殊在，它不仅消除了感性与理性的冲突，而且在感受美的当下，人心中感性与理性的天平是对等的，没有失衡。

再拿大卫·鲍伊的歌举例。如果你仅仅因为悦耳动听就喜欢他的某一首歌，那说明是感性做主；如果你根据相关乐理知识或是对歌词的理解来决定喜不喜欢这首歌，那是理性做主。两种状态下产生的愉悦，都不是真正的审美愉悦，更多停留在感性与知识层面。这里，我们要破解的第一个问题就是找出这种化解了感性与理性冲突的审美愉悦究竟从哪里产生：有没有可能是感性与理性的结合？或者介于两者之间，是它们交融的产物，且不以人的意志为转移？美呈现在眼前的时候，只觉心无纷扰，万籁俱寂。

波德莱尔说："美总是怪异的。"这句话提醒我们，美出离惯常。我们习惯了内心的撕裂、斗争，美偏偏为它画上了休止符，很奇怪地把人的心灵拉入丰富、充实、完满的境地。美吸引人，在于它驱散了人内心的喧嚣争斗，让我们变得平静坦然，甚至希望这种平静能永远延续下去。审美体验发生在某一时段内，但却让人有刹那即永恒的感觉。美往往出现在不经意间，让人沉醉。当你正为堵车发愁时，广播里突然传来大卫·鲍伊的歌声。美就是这样，不期而至：它消解了内心所有的冲突烦恼，只留下美妙和谐。什么样的事物具有吸引力，当然是我们意想不到的事物，少有争论的事物。它不会引发冲突。我的意思是，不会引发我们内心的冲突。

一件作品之所以吸引我们，可能要感谢创作者高超的技艺，但也可能是因为它成功地营造出了某种氛围，又让我们顺利走入了这个氛围。

这种氛围是我们用以判定一样事物是否为美的唯一

标准。关于美的标准和艺术创作的规则，不同时代有不同的划分标准。这种相对性当然就形成了美没有客观标准的结论。今天的人可以说阿波罗的雕像很美，也可以说后印象派画家蒙克（Edvard Munch）创作的《呐喊》很美，前者完全符合古希腊以比例为核心的形式美，后者却打破了比例规则。至于大自然的美，从来就没有一套客观的评价标准。唯一的标准，是主观感受：就是它让我体会到了什么！在自然面前，我与自己握手言和，那一刻，我感受到了自然的美。心被填满了，我与自身达成和解。

在欧洲哲学的传统观念里，主体人始终处于二元分裂的状态。所以你会发现，笛卡儿定义的自由，是肉体之外独立存在的意识[1]，康德认为道德来自从肉体中拔离的理性[2]。美将作为主体的人修复完整。它的吸引力来自两个方面。一方面，美让人以一种唯一的、完满的、与自身和解的方式存在。另一方面，人又通过一定方式让美得以存在，因为美的存在并不取决于外在的客观标准，而仅仅来自内在的审美体验。通过审美体验，观者也能证明自身具备的"创造力"：不是只有艺术家

---

[1] 即"自由意志"。笛卡儿关于"自由意志"最著名的阐述见 1645 年 11 月 3 日"写给伊丽莎白的信"，参见《哲学作品集》（*Œuvres philosophiques*，Ferdinand Alquié，Garnier，1963-1973）。

[2] Kant，*Critique de la raison pratique*（《实践理性批判》），Folio.

才懂什么叫美，作为观者的我们也可以创造出自己关于美的标准。评判塞尚那幅《圣维克多山》美不美，用不着常年登山，不必仔细辨认画中的景物、色彩，也不需通晓艺术史，了解印象派在西方艺术史上代表的断裂。你只要在欣赏这幅画的过程中，感受它带给你内心的和谐，直至忘我之境。美吸引我们，因为它让我们感受到判断的自由：我们的判断，只从天性、愉悦中来。肯定"美"，就是肯定我们自身。

我们终其一生会怀疑各种各样的事物，也会对自我产生怀疑，但对美，却从未有一丝怀疑。美，毋庸置疑！美之所以吸引人，也可以说是因为它的"霸道专横"。即便拿不出任何客观证据，我们还是坚信"美"，认定它是一个普遍的真理。有人认为大卫·鲍伊的音乐平平无奇，无论你怎么说，也不可能让他们改变看法。但这些人的判断丝毫影响不了我自己的判断：我坚持我的主观看法。

主观判断有无限的自由，所以任何事物，你都可以觉得它美，这也是美诱人的一个地方：它不对应事物本身的某个特征，也没有独立、客观的标准，只要契合人的主观情绪、内在心理，便可以随时随地提供愉悦。绽放的花朵、断壁残垣、十字架上的耶稣、遇刺的马拉……或平淡，或哀恸，或暴戾，但不论哪种基调，只要按照一定的方式呈现，都能为观者创造内心的和谐。

审美体验是一种很奇怪的体验，奇怪在我们根本不理解它到底是什么。我们不明白美和伴随美发生的这一切是怎么回事。话说回来，假如一个人过于清楚什么是美，什么是内在的和谐，反而不会享有审美上的满足：他的理性盖过了感性。

美也需要用这种出其不意的方式获取吸引力。从这个意义上说，美都独一无二。凡·高画作《夜间咖啡馆》里那种融合了太阳金与青绿的黄色，我们从没见过。大卫·鲍伊在演唱《Fascination》这首歌时所用的声音，我们从没听过。这种"奇妙"的和解好像只会在不经意时发生，带来震撼心灵的效果。[1] 对计划前往卢浮宫欣赏弗拉芒画派的人来说，真正的审美体验就是走着走着迷了路，不知拐到哪间展室，眼前突然冒出大卫的这幅《马拉之死》。还是那句话，假如带着对弗拉芒画派的期待前来，预知了世人对这些画家的评价，那么看画时，你的理性判断就可能盖过感性体验。超现实主义者[2]将这种

----

[1] 榨汁机、灯饰、烟灰缸等附带功能性的工艺产品无法提供真正的审美享受，原因就在这里。这些东西属于大规模批量生产，不能像原创型的美学作品那样，触动我们的内心，更谈不上促成人与自身的和解。它们吸引人，要么只是因为外表的漂亮激发了感官愉悦；要么是因为功能，这是基于理性的判断。

[2] 参见安德烈·布勒东的《超现实主义宣言》(André Breton, *Manifeste du surréalisme*, Folio) 以及洛特雷阿蒙的《马尔多罗之歌》(Lautréamont, *Les Chants de Maldoror*, Folio)，后者写过这样一句话："美得像一架缝纫机和一把雨伞在解剖台上不期而遇。"

意料之外的"惊奇"理论化，作为创造美的条件："惊奇"在人与社会经验及文化修养之间制造了一种断裂，社会经验或文化修养让我们与自身和自身的真实割裂开来，而就在这个如此"奇妙"的和解的瞬间，我们会突然找回久违的真实。换句话说，美不是要去寻找的，而是从天而降、偶然得之——发现美的瞬间，也是我们发现自己的瞬间。[①] 美之所以动人，是因为它不是用来理解的，它是意外的惊喜。

无心插柳、空前绝后……这些条件，只有人中龙凤的杰作或自然的鬼斧神工能够得上。面对一般的艺术作品，我们只会想作者到底"要表达什么"。而一位天才艺术家，他既说不清自己的灵感从何而来，也无法用一句两句话来概括创作中都运用了哪些技巧规则。[②] 身为观者的我们就更说不出了。正因为不解其中味，我们面对天才之作，才会有面对自然的感觉：莫名被吸引。一件不知其所起的作品，居然拥有让我们与自身和解的力量。[③] 陶醉于丢勒的画作、兰波的诗歌，我们从中感知

---

① 当你之后一次又一次地接触到这件作品时，都会有同样美好的体验：你会不断看出其中独一无二的创造力，也会反复回忆起第一次见到它时无与伦比的心灵震撼。

② 无数"天才型"艺术家，尤其生活在文艺复兴时期的艺术家，都曾经尝试总结创作当中的规律，不过这种理性化的思考并没有影响到他们作品的灵感、质量。

③ 如果要给天才的杰作下一个定义的话，就是能同时激发我们内在感性与理性的作品。

美，感知确定的存在，并因而对这些创作者生出深深的敬意。是他们创造了这样的机会，让我们走入自己的心灵深处，化解灵与肉的冲突。如果说这种冲突可能在任何时候、任何人的身上发生，那么和解也只可能针对人性中普遍存在的东西——即我与其他人共有的天性。也就是说，美带来的和解可能发生在任何一个人的身上。我们能感觉到这种共性，这也是美吸引我们的一个原因。

至此，"霸道专横"的意思就很清楚了：说"某物美"的时候，我们表达的其实不是"它带给我愉悦"，而是隐含了"大家都觉得它美"这一层意义。这不是要把自己的观点强加于人，而是说，当美让我们与内心深处的自我和解时，也在呼唤我们与其他人和解。美在帮助我们建立内在和谐的同时，也鼓动着我们面向他者，看到别人和自己有同样关于美的感受、体验，内心就会激荡起这样的热情。生活中常见一种情形：一段音乐让你如痴如醉，转头看旁边人，发现他无动于衷。这种时候，你就会觉得对方身上缺乏某种本质性的东西，要不然他怎么毫无反应，怎么会和你想得不一样。你们之间，很遗憾，竖立着一堵高墙。人都渴望能与他人沟通对话，希望美能做人与人达成一致的桥梁。没有人会对这种一致提出异议。鉴赏力如果仅涉及感性、知识、"文化背景"其中之一，那么不同的人就会有不同的感觉（有人偏感性，有人偏理性）。但偏偏它不取决于某个单一元素，而是综合了感性与理性两个方面——发挥作用的不是文化而是人性，这就使审美经验具备了某种普世的可能。称得上杰作的，都是能让每个人与自身和解，也与他人和解的作品。

美对人产生的影响，是它吸引力的来源：美让我们充分感受到自身的存在，也激发出面向他者的热情。那句无奈之下说出的"萝卜青菜各有所爱"从此可以丢进记忆的垃圾桶。只有从未真正体验什么是美的人，才会抱着这句话不放。至于其他人，都在渴望与别人分享关于美的体验。都说"音乐陶冶情操"：美会吸引我们，因为它代表了一个大同世界，里面的人拥有同样的天性，对幸福有着共同的信念。政治跨不过去的槛，美做到了：它让每个人找到内在的和谐，也相信人与人可以达到和谐。

既然美能带给每个人享受和满足，那这种享受和满足会不会极有可能趋同？既然美的体验会让每个人与自身和解，那我要怎么辨别哪些是独属于我的感受呢？大卫·鲍伊的歌声对我产生的影响也许和那歌声本身一样特别。至少我相信，一首歌能打动我，肯定是因为它触发了我身上独有的某个东西、专属于我的个性，而非我与他人的共性。

美可以填满内心，这毋庸置疑，但另一方面，它又将我们的关注点引向其他事物：驻足欣赏美时，身心愉悦只是一方面，并非全部。美丽的风景创造心灵和谐的同时，还可能让你联想起上帝、造物主。同样地，大卫·鲍伊的曲风永远游走在叙事与抒情之间，他的声线既柔弱又克制，本身就是某种生活方式的象征，幽暗、唯美，也有颓废，暗合了某些价值观念。不是说一定要透过歌词，我才能认同这些价值观念。美之所以动人，在于它当中包含了意义，这种意义不是用清晰明了的方式表达出来的：美带给我们和谐，我们透过这种奇怪的"和谐"进入美的世界。美的意义不是思考出来的，而是体验出来的，这也是它诱惑力的来源。"fascination"这个词从词源讲，指的就是魅惑、魔法、巫术。在未经思考的情况下，贸然认同某种意义，肯定是有风险的。就像猎物会被眼镜蛇的目光迷惑，人也会被那些将自己置于危险当中的事物迷惑。

二、美承载了价值

走进沙特尔大教堂，拱顶的造型让我忍不住好奇地抬头仰望。我的目光随着上方的巨石一块块看过去，延伸到不可见之域。审美体验不单单是美学层面的，也会让我油然生出对上帝的信仰。美凭借自身强大的力量，呼唤人走近上帝。对美的信徒来说，这几乎是必须遵守的律令。我们要说，美还拥有一项能力：让人认同它所创造的意义。

站在教堂，和看到眼前具有吸引力的艺术品一样，都让我有全身心投入的感觉：所有的感性和理性都被调动起来，彻底沉浸其中。我的心中涌起一些感受，又冒出各种想法（想到上帝、人的生活方式、某些价值观念……），进而体会到存在的充实。这种愉悦，既非纯感性，也非纯理性，介于两者之间。假如教堂的美只让人想到信仰上帝，而不对这种信仰有所怀疑，聆听大卫·鲍伊只让人想到认同其中的价值观，而不对这种价值观有所怀疑，那么这种情况下，美在人身上施加的魔法说白了无非是：让理性受感性的蛊惑，失去判断力。这也是美"怪异"的地方，也能解释它为什么吸引人！我们感受到的和谐，其实是戴上了面具的诱惑，是隐藏在温柔中的暴力。美能打动人，因为它会"制造意义"。

要想更好地理解这一点，看清美的诱惑中也潜藏着危险，大家可以回想一幅画面：高耸入天的建筑下，纳粹士兵齐刷刷伸出手臂行举手礼。在纳粹的极力推崇下，这类庄严宏大的建筑有了独特的意义。一开始，意义与形式的关联也许并不强烈，随着一建再建，意义也逐渐被构建起来，直到固化，排斥一切批评的声音。说"这样的建筑很美"，已不单单是纯粹的美学判断。在20世纪30年代的德国，一个人如果称阿尔贝特·施佩尔（Albert Speer）的建筑美，意味着他已经朝赞同希特勒征服计划和种族歧视思想的方向迈出了一步。端起一杯勃艮第葡萄酒，说它的色泽美，其实就是在邀请其他人快来品尝。美是有"魅力"的：它让人更强烈地感觉到自己的存在。这种魅力当然有幻术的色彩：提供精神充实的同时，也暗示了对某种价值观或信仰——总之是某种意义——的认同。

美吸引我们，在于其形式带有强烈的指向性，指向它的内在价值：通过外在的形，传递内在的"核"。说到这里，可能有人表示反对，说自己被美打动的时候，可一点儿没想到这些！可问题在于：思想总是在无意识中进行的，不是非要"想到"才作数。极权主义国家因为对这一点轻车熟路，特别善于利用艺术家，以美作为棋子，将政治上的价值观念潜移默化地植入大众的意识中。美的吸引力变身为权力：接受美，就是将美当作真理。我们会在心里默默地说服自己："既然这个东西美，那就一定有它的道理!"

历史上，美往往被认为是真理之光，是对上帝、世界、生命等更高理念的感性诠释，没有门槛限制，人人都可以是艺术家。和谐的形式就是美，是上帝造物的证明。文艺复兴时期，黄金分割率($1/1.618=0.618$)也称"神圣比例"：人之所以迷恋美，是因为美的形式由上帝创造。黄金分割不仅体现于古往今来诸多的人类杰作(例如埃及的胡夫金字塔、希腊的阿波罗神像、文艺复兴时期的艺术品、20世纪柯布西耶的建筑)，在大自然中也比比皆是(例如蜗牛壳)。圣奥古斯丁认为，黄金分割代表的完美比例是上帝存在甚至印记的证明。美与神性、真理的联结，也可以用来解释人对美的迷恋。①

我们迷恋的，是对美背后更高理念的认同，也不得不认同。它实际等于"弃权"：再次放弃争论的权利。如此完美的"神圣比例"，让你不可能去怀疑上帝！美营造的感觉，好像尘俗中，上帝的启示灵光一现，世界的本质乍露一角。塞尚画笔下的圣维克多山，就是在世界云深不知处的本质中松动的一块石头，掉落在我们眼前。方寸画布间的山峦，呈现了"世界之肉身"②。海德

---

① 这里又说到了"和谐"与美的关系，但它不再指主体的内在和谐，而是事物外在比例的和谐。美与和谐不是简单的对应关系，艺术史也有很大一部分内容是追求不和谐，例如中国的象征主义建筑、巴洛克时代的艺术、德国表现主义。美吸引我们一个可能是它用夸张、极端的手法，表现了人类的真实境遇。

② "世界之肉身"(la chair du monde)是梅洛·庞蒂创造的一个概念，用来说明世界的实质。它推翻了西方传统形而上学对世界本质的认识，例如柏拉图认为这个本质在彼岸，是"理念世界"；基督教认为这个本质是天堂，对现实的可感世界持贬斥态度。梅洛·庞蒂恰恰认为，世界的本质就在它原本的厚实中：世界背后没有隐藏任何东西，其本质就体现在它呈现给我们的东西中。所以说比起哲学家，画家更善于揭示出世界的本质。因为早逝的缘故，梅洛·庞蒂没有彻底完成"世界之肉身"的理论建构，不过这一概念已经出现在他的两部作品《可见与不可见》(Le Visible et l'Invisible，Tel Gallimard)及《眼与心》(L'Œil et l'Esprit，Folio essais, p. 19)当中。《眼与心》这本小册子仅有92页。梅洛·庞蒂后期完成的这两部作品，可以说是其哲学思想的精要介绍。

格尔曾写道，凡·高的"农鞋"一旦有对田野和季节的想象，就不再是普通的器物了。[①] 它揭开了人类境况的真相、终极意义：与动物们相比，只有人才会为了满足最基本的生存需要，被迫劳作。这幅画的出色之处在于，它通过感性传达出更高的理念，也可以说表达了感性的精神向度。

人的感性一旦被美揭示出的上帝、世界及人类境况的真相所触动，就会身不由己地受美摆布。这真是不可思议的事情，要知道美不过是精心构建出来的形式——拿外表做文章。所谓的美，不过是形式化的质料！然而与此同时，形式却强烈地传达着某种意义。

我们要理解的，正是美为形式赋予意义的能力。以卢浮宫古埃及馆的斯芬克斯(狮身人面像)为例，无数观众，美学专家也好，普通游客也好，甚至孩童，到它面前都不禁会驻足欣赏，原因何在？这尊造像蕴含的意义究竟是什么？一方面，古埃及当时尚处在原始阶段：实行血缘政治，法老为世袭，父位子承，此外，尼罗河定期泛滥，让埃及人不得不相信，大自然才拥有主宰一切的力量。狮身就象征着人对自然力的崇拜。另一方面，河流的泛滥又促使埃及人发展出新的灌溉技术，围

---

① Heidegger, « L'origine de l'œuvre d'art »("艺术作品的起源")，dans *Chemins qui ne mènent nulle part*(《通往虚无之路》)，Tel Gallimard.

绕法老制度建立了高度发达的政治体系：人面在上，代表古埃及人向往着文明开化；狮身在下，代表广阔的尼罗河盆地。按照黑格尔的解读，斯芬克斯之所以迷人，就在于它象征了古埃及文明中分裂的两个部分。① 是不是只有受过良好教育的精英才懂它的美？不是的。

埃及人无论来自哪个阶层，面对斯芬克斯，都会感到震撼。它寄托了埃及人心底最深处的价值与信仰。它在告诉埃及人，你们是谁，从哪里来。就像后来的希腊人看到城邦道路上随处可见的阿波罗神像一样，埃及人也对斯芬克斯有同样的情结，他们会停下脚步静静欣赏，听它诉说关于自己、关于生命的意义。人类创造艺术，首先想的就是给自身崇拜的神明、价值信仰一个具体的形象。美的意义，就是通过这些具体可感的形象来承载、传递的。

尽管斯芬克斯穿越了数千年的风沙向埃及人走来，但它的美其实跨越时空，感染着所有后来人。它代表的现实不仅仅是某一个文明的现实。古埃及这段历史是全人类都曾有过的经历，从崇拜自然到逐渐摆脱对自然的崇拜。进到卢浮宫的我，如果被斯芬克斯的魅力吸引，

---

① 参见黑格尔著作《美学》的第 1 卷（Hegel, *Cours d'Esthétique*, Aubier, 1995, p. 479）。他在其中全面梳理了人类历史不同阶段产生的不同艺术类型，文字浅显易懂又引人入胜。要理解黑格尔的哲学思想，可以先从他对美学的研究入门。

那是因为感性的触动让我这个生活在 21 世纪的巴黎人也不得不认同，人需要摆脱兽性，成为应该成为的人。之所以说杰出的艺术作品是全人类的共同遗产，道理就在这儿。它们诉说着人类共有的历史片段。美用另一种方式重置了人与时间的关系：让逝去的时光重回眼前，让过往云烟穿上美的外衣再次现身。用黑格尔的话来说，所有杰作，都映现了"心灵的激动"，承载着人类最宝贵的价值。[1]

"心灵的激动"，也可以简单地说是真实的情感。在拉斐尔的画作《佛利诺的圣母》中，圣母玛利亚怀抱圣子，用温柔的目光注视着他。被画面打动的人都会感叹，这就是彻彻底底的爱。这幅画美就美在，它揭示了爱的真谛。你如果被打动，就会沉浸在画面营造的氛围中，理解当中传递的情绪，不会急着思考画中基督大爱的意义。

无法把感性（形式）与意义（内涵）分个一清二楚，所以美才让我们欲罢不能。话语表达的意义有讨论空间，美的真相却无法讨论，它糅合在质料中，在斯芬克斯的造型中，在大卫·鲍伊歌曲的音符中——在美本身。

---

[1] 不同时代的杰作映现了不同的"心灵的激动"，将这些时代连接起来，就构成了一部审美艺术的发展史，也是人类文明的发展史。

艺术之美，在于当中蕴含着理念、价值观……正是这些"美"之下掩盖的元素，吸引了我们，想一探究竟。①

象征物代表某种意义，意义体现在物中——例如狮子是力量的象征——又超越物。这里存在一个思维上的跳跃，也像解释不了的谜团。仅仅是被外壳、形状打动，最终却拥抱了价值内涵。外壳、形状……这些都是"能指"：指称某种意义。内在的价值是"所指"：意义本身。艺术的奥秘，就在这个能指到所指的过渡。之所以要学习掌握道路标识，就因为它是一套约定俗成的编码、规则，能够带领我们从"能指"（例如黄色菱形标志）走向"所指"（代表你拥有道路优先权，可以快速通过路口，其他车不能抢道）。艺术上没有这样一套编码、规则。作为替代，美唤醒的是人的想象、心灵、感性，用这些作桥梁，从能指走向所指。美的迷人，在于

① 平常人往往是在艺术家通过作品表现自然之后，才会去注意自然本身的美。王尔德就说过，在透纳之前，伦敦不曾有雾。他有一句名言："生活模仿艺术，远多于艺术模仿生活。"美又有了新的意义：艺术之所以吸引我们，是因为它让我们看到了自然之美。要是没有艺术家留下这些作品，我们可能根本不知道前人在自然中感受到的美。艺术就是要告诉我们哪些东西美，它有办法将现实中丑陋或平凡的东西转化、升华为美。透纳之前，伦敦的大雾没有任何意义，只能诱发感冒……透纳之后，它变成了一道美丽的风景线，这种经过艺术表现的美反过来让雾气本身有了存在的意义，从此成为工业文明与都市雅痞的象征。

它用人代替了这套编码、规则。美让人驻足的一刻，也将人引向从未留意过的内在价值。形式美就有这般能耐，不但愉悦感官，还"引诱"精神。

想到这里，我们终于明白人为什么会痴迷美到失去理智的地步，甚至不惜挑战道德与法律的底线。尼禄火烧罗马城，只为目睹熊熊火海中绝望的美。也有人以美之名大开杀戒。撇开这些极端行为，美为意义开辟道路的方式也是通过暴力。感性催促、迫使观者赞同美要表达的内涵。军乐陶冶不了情操，年轻的希腊士兵听着抒情曲踏上前线。军乐无法感召他们，长笛才有用，它唤醒了狄奥尼索斯式的狂欢，酒池肉林，纵情声色。人被美迷得昏了头，想的就不再是怎么与自身和解，而是宁愿让感性对理智施虐，也要去寻找美背后的象征，与它合而为一。

举这些例子都是为了说明，美可以唤起人对意义、对某种更深层事物的认同，为此，我们甚至愿意付出理智的代价。但另一方面，美因为"制造意义"吸引人，这个答案可能过于偏向"理智"：吸引我们的可能更多是美的象征含义，而非美本身……美当中的矛盾、不可化约的意义，都来自它能掀起的暴力。

三、美能提供无意识的满足

如果说审美愉悦中必然有对暴力的满足，而这种暴力大部分时候处于隐蔽状态，那么它会是什么呢？与动物直接施暴的方式不同，人的暴力是通过种种复杂的人性来表现的。弗洛伊德用他所有的理论及依据告诉我们：隐蔽的暴力就藏在人的潜意识中。

依照弗洛伊德的解释，人从出生起就被抛入文明的海洋。文明建构出一系列禁忌、价值、道德观念，都与孩童时期的本能冲动背道而驰。社会禁忌与价值系统强制性地压抑了人的性欲、攻击欲、占有欲等，以此作为进入社会、参与文明的条件。儿童成长早期均伴随有本能受到压抑的经历，逐渐形成了无意识。人类文明在弗洛伊德看来就是为了驯化本能冲动。人一旦"坠入"无意识，就会发现这些本能冲动依然需要被满足。一味的压抑并不能杀死冲动，从根本上解决问题。

与动物不同的是，人的本能冲动可以通过目标之外的其他对象来满足。例如，被压抑的性欲不一定非要通过性活动才能满足。弗洛伊德提出"升华"①的概念：既然本能的性欲是受到压制的，那么当人转换方向，把它用另一种社会、文化认可的途径释放出来时，它就得到了升华。美就是其中一种途径。

这也能解释美为什么有吸引力：它为我们提供了一

---

① 弗洛伊德在《精神分析引论》（*Leçons d'introduction à la psychanalyse*）、《文明及其不满》（*Malaise dans la civilisation*）等著作中都用到了这个概念。参见尚·拉普朗什与吉恩-伯特兰·蓬塔利斯合著的《精神分析词汇》（J. Laplanche et J. -B. Pontalis, *Vocabulaire de la psychanalyse*，PUF Quadrige，2002，p. 465）。

个替代性的渠道，用来满足被压抑的欲望。① 美让人惊艳，让人为之驻足，它给予我们的太多，却又不求回报：自打人类进入文明，经历开化，本能冲动就始终被压抑、隐藏在潜意识中，美成为这个宣泄、疏通的渠道。我们将社会规范及伦理道德内化于心，用它们来限制、阻止潜意识中的原始欲望。弗洛伊德说："所有的人都和俄狄浦斯王一样，对那些生就如此却有违道德的欲望毫无知觉。"文明强制性地要求人放弃违背道德规范的欲望，又为这些欲望提供了升华的途径。艺术作品就是让人去体验平时体验不了的生活。这是非常奇特的现象。《佛利诺的圣母》之所以美，不仅因为它当中传达了基督之爱，还因为它用一种与性无关的象征，迂回地满足了人内心被压抑的性欲。

美到底对人施了什么魔法，又为何吸引②人的注意，这个我们来回琢磨不透的问题终于有了更清晰的答案。一个人不会因为《马拉之死》象征的革命理想、英

---

① 确切地说是性力的升华，将原本被压抑的欲望转向符合社会规范的、高级的心智、科学及艺术活动。

② 从词源的角度可知，"吸引力"（fascination）与"性"（sexe）原本就有密切的关联："fascination"这个词当然有"魅力、魔法"的意思，但在罗马时代，"phallus"（阴茎）这个词还不存在，而希腊语中"phallos"的说法就是"fascinus"，"fascinus"就是指性！帕斯卡·基尼亚尔在《性与恐惧》（Pascal Quignard, *Le Sexe et l'Effroi*, Gallimard）中写过这样一句话："在一切美的背后，我们要寻找的，就是阳具崇拜。"

086

雄主义而沉迷，在大卫这位天才画家呈现的形式美中，交织缠绕着某些能满足人类原始冲动的东西，这才让它成为惊世之作。形式美驯服了人的野性。

认为美是冲突的停歇终结，没有错，但它终止的并非感性与理性的冲突，而是"我"被压抑的冲动与压抑冲动的文明之间的冲突：按照弗洛伊德字典里的话，就是"本我"（无意识）与"超我"（限制"本我"的社会规范、伦理道德、自我理想）的冲突。美像一份休战协议，暂时中止了二者的冲突，避免人走向神经症、癫狂，甚至犯罪。感受美的那一刻，比如听大卫·鲍伊时，"本我"不再与"超我"对抗：在不损及"超我"的前提下，"本我"获得了满足。如果"本我"采取直截了当的方式表达，那么一开始它就会受"超我"在道德、良心方面的谴责。鲍伊的音乐就是一种升华，让"本我"在"超我"允许的范围内得到释放。

人是奇怪又复杂的高级动物，在文明的洗礼下，他可以创造出最精致的艺术，安抚埋藏在内心的冲动的、攻击性的、反社会的欲望。

形式美具有一种怪异又让人惊叹的能力，从定义看，它好像很肤浅，只停留在事物"表面"，但它满足的却是人类内心深处的需求。看似迷恋"外形"，其实是为内心的"无形"寻找表达的出口。此时，审美获得的满足便无关事物美丑，而来自被"超我"禁止的邪恶、放纵、阴暗扭曲。说到这里，你就能明白人为什么会对一些看起来并不赏心悦目的事物感兴趣，丑与恶也是艺术经常表现的主题。荷兰画家希罗尼穆斯·波希（Hieronymus Bosch）擅长描绘世间荒唐、万物皆空，在他关于基督教的作品中，无论是耶稣的面庞肢体，还是旁边的刽子手，都深刻地表达出痛苦、折磨、仇恨和死亡。

我们通过感官敲开艺术的大门，因为无法言明的欲望留在艺术的世界。美吸引我们，除了背后的象征意义，还因为它能唤醒潜意识中沉睡的东西。

哪种类型的美最能满足潜意识里的欲望呢？比起自然美，艺术美可能更容易达到这个目标。

弗洛伊德将达·芬奇的童年经历与其绘画中反复出现的主题联系起来，发展出一套艺术升华论。天才往往善于将个人经历进行艺术加工，变个体创伤为普遍共鸣，让观者不知不觉受到情绪的感染，在他人的作品中看见自己。达·芬奇早年曾对他母亲有超越伦常的爱恋，以致他一生没有与女性发生亲密关系。达·芬奇把这个心结转移到对艺术美、形式美的研究上，用超越常人的天分和努力创造出具有普遍价值、能为观者带来审美享受的杰作。一个人能在达·芬奇的作品中感受到愉悦，意味着他和画家有一样的——哪怕只是部分一样的——压抑，还有着能引发共鸣的创伤。天才之作的魅力，在于其中隐藏着升华后的原欲。艺术家赋予内心无形的东西以有形的美。① 我们会发现，马奈画中的女人，尽管没有杂志封面上的模特那么漂亮，反而更能打动人；塞尚笔下的山峦以别具一格吸引观者的注目；唯有摄影大师的镜头才能拍出顶级名模的风采神韵。此时的我们，已然身处艺术的场域：艺术之美，改造重塑了人的本能，为它穿上文明的外衣，让力比多以更委婉含蓄的方式，甚至在更高的精神层面得到释放。美因此让人驻足流连。暴力美学，满足了人内心深处对暴力的迷恋。极权主义深谙此道，专从这一点下手煽动群众。人的冲动其实像柳叶"随风摆"，原始的性冲动可以转向艺术、审美，再转向政治。所以说，美的吸引力也散发着危险的气息。它唤醒了生命体的原始冲动，通过艺术升华将这些违背社会规范的冲动表达出来。

早在弗洛伊德之前，亚里士多德就对审美愉悦是什么有过好奇，还一度接近问题的答案。② 在对古希腊人为什么沉溺悲剧进行了一番观察后，他得出的第一个结论是，人可以从悲剧中看到对行动的摹仿。这种说法除了部分适用于形象画以外，没有任何说服力：建筑、音乐，乃至一些表现英雄不敌无常命运的悲剧，可没有摹仿一说。亚里士多德的另一个发现是，戏剧可以为观众

① 美吸引我们，因为它是太阳神阿波罗（古希腊形式美的化身）及酒神狄奥尼索斯（本能欲望的化身）的语言。

② Aristote，*La Poétique*（《诗学》），Seuil，1980.

提供情感上的宣泄①，从而净化情感。舞台上呈现的情节，纾解了观众内心压抑的暴力，回到现实，他们就能以更加积极的心态面对苦难，与城邦共命运。柏拉图声称诗歌容易"激发人性中的非理性成分"，应该"将诗人逐出理想国"，相反，亚里士多德却欢迎艺术家前来城邦共同体的广场：艺术非但不会激发非理性暴力，反而能起到宣泄、净化心灵的作用。艺术美于是成为有益于社会的存在。它也是文明的需要：艺术不是文明的点缀，也不是逃避文明的掩体，而是人类生活在文明之中的必需，我们需要艺术洗涤灵魂，释放身上过度的、原始的暴力因子。

艺术看似恬静如水、波澜不惊，却总能让人联想到永恒，这其中的道理，我们总算弄明白了。也许它就象征着永恒的生命，里面有平静，有死亡，人类所有的情欲埋藏其中，"本我"与"超我"在此和解，它是生命本身的同义词。

最后一个问题：艺术一方面向我们传递了和谐、真理、意义，另一方面又满足了我们潜意识中的欲望，这二者之间有什么关系？

艺术传递出和谐、真理、意义，是不是恰恰为了掩

---

① "Catharsis"（宣泄）也可以理解为"purification"（净化）。古希腊戏剧通过模仿生活，使人的情感通过一种"非自然"的模式得到宣泄，灵魂也得到净化和解脱。

盖后一种满足？既然唤醒的是人性中最为本质的东西，那么就不能把它的属性定义为简单的"消遣娱乐"。凭借绚丽或带有象征意义的外表，艺术吸引到大众的目光，它确实提供了某种消遣，但也在不动声色间满足了我们内心深处的欲望。弗洛伊德把艺术创作的这一功用称为"诱惑的奖赏"，观照艺术美能带给人一种"莫名的"愉悦，摆脱潜意识中的压抑苦闷。男子在《马拉之死》前停下脚步：他以为吸引自己的只是线条色彩，要么是画面背后那波澜壮阔的法国大革命。他没有看到此刻活跃在自己内心深处的东西，迷离的光影让他看不到这一切。也多亏看不到，否则他可能接受不了真相。美之所以吸引我们，是因为它掩盖了我们身上的某些东西。

*　　*　　*

美吸引我们，因为审美过程是一个既要揭开又要掩盖的过程，有呈现，有隐藏。

美带给我们莫名的平静，又掩饰了我们内心的暴力。它让我们知道，人类的文明可以到达何种高度；又袒露了一个事实，这件文明的外衣只是用来满足人类赤裸裸的原欲。

我们无法把目光从美那里移开：以为自己只是要看漂亮的外表，其实是想满足潜意识中反社会的冲动与暴力。

美吸引注意，因为它分散了注意。

第四问

学校教育教给人的是什么？

生活就是我想教给你的一门手艺。

——让·雅克·卢梭①

---

① Rousseau, *Émile ou De l'éducation*(《爱弥儿》).

对那些自学成才的人，我们有时候会说"他念的是社会这所大学校"。这句话首先是夸赞一个人饱经社会历练，没有接受学校的正规教育，一样可以成长为优秀的人。此外，它还暗含了一层意思：学校教育与"社会教育"不是一回事。学校可以说是一方清净地，远离真实世界的暴力，也屏蔽掉生活的真相。既然如此，人又为什么要去上学呢？学校生活与真实的社会是割裂的，我们怎么能期望学校所学的东西能在实际生活中派上用场？学校教育设定的目标是培养"自由的人、理性的公民、职业化的劳动者"①，它能完成这个任务吗？

目标本身也设得有些尴尬。"自由的人"——学校是个处处讲究规则限制的象牙塔，在这里可以学到自由？"理性的公民"——学校教授的文化知识，就能保证一个人"更清醒理智地"投票，更遵纪守法？"职业化的劳动者"——学校教育的目的难道就是为了让人找一份糊口的工作？

目标本身尽管问题重重，还是透露出一个基本思想，学校教给人的首先是方法或内容。要成为"自由的人"，所谓"自由"永远离不开思想自由，势必要学会运

① 尽管部委官员经历了"走马灯式的频繁调动"，但这三点自始至终都作为学校教育的指导思想，没有任何改变。

用理性，以恰当的方式运用理性以对抗偏见。要成为"理性的公民"，势必要对知识保持开放的心态，尤其是历史方面的知识，以史为镜，鉴古知今。要成为"职业化的劳动者"，势必要掌握某一项专业技能，好比说沟通技能，高中会考"非生产类技术组"（STT）的科目就属技能类，目前发展势头迅猛。

实际上，学校教育的三个目标都意味着"切断"，与"生活"，与人最直接的欲望做切割。学校教给人的东西都是天性以外的，人在一开始并不会向往这些东西。"与生活切断"，首先是与"躯体"——人最基础的本能——切断。孩子进幼儿园学的第一件事就是端正坐姿、遵守纪律。这些规范针对的都是幼儿忍不住乱摸乱动，动辄哭喊这些本能行为。

学校教育的矛盾就在于，如果不能成功地激发出人对知识的真正渴求，对教育内容的信服，那么上述三个目标中的任何一个，它都做不到。

要培养学生的自由思想，就需要他本人主动地打开视野，愿意接触新鲜事物，对原本耳熟能详或坚信不疑的常识提出质疑。他自己要没这个意愿，那学校也没辙，强迫不了他。同样，要唤醒未成年人对历史的敏感，成长为理性的公民，也需要他内心怀有这样的渴望，主动地走进历史、钻研卷帙，而不是整天只知道关注时下的流行，琢磨邻桌女同学的身体。一个人如果自己都没有意愿，单靠学校强制性地命令他记住历史事件的年月日，对他成长为理性的公民没有任何帮助。

学校教育的核心就在这里：教会人去压抑原始欲望的同时，再用另一种欲望取而代之。这种新的欲望，就是求知欲。它并不是与生俱来的，否则，还要学校干什么呢？

人受到攻击欲、占有欲、性欲的强烈支配，渴望生存、占有、相爱，甚至死亡。但他是不是天然地、自发地拥有学习的欲望，这个真说不准。学校教育，不就应该以此为首要目标吗？

那么，它是如何将求知欲教给我们的呢？

一、学校教育首先是身体规训

我们从幼儿园"小班"这个最初的起点说起。孩子们来到班里，在自己的座位上坐下。很多家长都经历过这样的时刻，开学第一天，教室的门合上，把操心的家长们关在外面。他们待在走廊上不走，刚刚也是在这里，孩子经历了和家长的分别，带着同样惊恐的哭腔，吵着闹着不想进去。面对此景此景，老师是怎么做的呢？她让孩子们先好好坐下，这是在告诉他们，在这里，不能由着性子来，你的身体你自己说了不算。总忍不住想哭，但是对不起，你的意愿你自己也说了不算。在学校学什么呢？学习怎样控制自己的身体。想哭的时候，你要学着怎么忍住不哭，想乱动乱跳的时候，你要学着怎么忍住不乱动乱跳。为什么这样的教育能起作用呢？因为是集体行为，大家都要这样做。要求我做到的，也要求其他人做到，这就很公平。进入学校，就是要学习，在身体与"我"之间，还有一样东西——规矩。就像设定程序一样，只有学校才能教给我们纪律规范的具体内容。从这一刻说，它已经是在培养"小公民"了。

弗洛伊德区分出两种支配人类生活的原则：一种叫享乐原则，追求本能冲动的满足，释放力比多的能量；另一种叫现实原则，表现正好和享乐原则相反，想方设法控制力比多。在学校，一个人受到的约束不仅仅是上课下课的时间设置，周围所有的一切其实都在限制你，比如"要发言，先举手"。孩子到了这里再不是家中的小皇帝，更不会有人放纵他的无理要求。企图哭哭鼻子就达到目的是不可能的。他们首要的学习内容并不是什么必备的文化知识，或哪首歌曲、哪种上色法，而是如何按顺序，一个挨一个地坐下。大家同一时间到校，同一时间起立上课，这就是在过集体生活。新年的汇报表演并不是大家轮番上台单独表演，而是进行集体表演。六年级（初中第一年）开始上公民教育课，幼儿园就是在为这项教育铺垫基础。

当然，学校生活并不完全排斥身体的本能，只是它在特定的时段才能释放。这下你明白，学校操场为什么总呼声震天了。那些叫嚷、奔跑、青春的荷尔蒙、你推我搡，都代表了生命最原始的激情。被压抑的生命力，在喧嚣呐喊中尽情释放。一旦回到教室，就要乖乖坐下，不能再嬉笑打闹了。

上课下课、按时到校、有固定的座位……没有这些强加在孩子身上的限制，学校教育也就不能成立。上学是一种权利，但它要求人执行各种各样的义务：要交作业，要尊敬师长。这么说来，入学其实是对人的暴力。你不能再指望有谁能像父母一样把宠爱全给你一个人，你也不能再自大地认为老子永远天下第一，你内心太多太多的想要，都是被拒绝的。

人在学校学什么，康德毫不犹豫地回答是纪律。"我们把孩子送进学校，首先不是为了学东西，而是要他们养成安安静静坐下来的习惯，严格遵守对他们提出的要求。"①

---

① 这一观点同时出现在康德的两本小书——《论教育学》与《对教育的思考》中。康德的思想晦涩难懂，他写的一些小册子（除了关于教育的这两本，还包括比如《永久和平论》《从世界主义者角度看世界通史观念》）以及《纯粹理性批判》第二版序言，都可以作为很好的了解其思想的入门读物。另外，乔治·帕斯卡的《认识康德》(Georges Pascal, *Pour connaître Kant*, Bordas) 短小精悍，也是了解康德著作的理想读物。

听到如此严肃的回答，我们可能很吃惊。纪律产生的第一个理由，就是对抗"丛林法则"：没有纪律，则强者恒强。这个"强"，既就社会地位、身体素质而言，也指个体身上那些最强的、最具攻击性的本能，包括性本能①、群居本能、死亡本能……

一条纪律能执行下去，是因为它针对所有人，对每个孩子都一视同仁，不论你是谁，什么性格，来自怎样的家庭：纪律建立了公平。这种公平是孩子们在家庭环境中感受不到的。②

当前鼓励孩子"自由表达"的新式教学法，其源头可以追溯到 1968 年，支持该教学法的人，没有意识到他们是在成全"最强者"，成全那些最希望社会失去规则、从此无法无天的人，也是在助长人与人之间天然的不公(我不是说社会不公)。相反，我们大家倒是都见过一种孩子，本身性格内向、心理脆弱，有些还可能属于社会中的弱势群体，当他进入学校这个环境，感受到公平的氛围，反而敢于去表达自我了。没有强加给每个人的纪律，他又怎么可能表达自我？机会平等，这话说

---

① 弗洛伊德于 20 世纪初提出的理论引起了巨大争议，他最重要的观点之一，就是儿童身上存在性冲动。

② 对独生子女谈平等是没有意义的。身边没有兄弟姊妹做参照，平等无从说起：我们都知道，多子女家庭中孩子的地位对他的心理发展会产生多重要的影响。

来漂亮，但必须落实到纪律上，才能真正让一个人得到属于他的机会。

人在学校学习什么？服从权威①，才能体现平等。假如没有一个更高的权威出面，强制性地要求所有人接受平等，那么结果可想而知，大家就会破罐破摔，任由天然的不平等加剧恶化。学校教授的不止知识，更是一种使学习知识成为可能的态度，比起遵守的内容，它更在乎遵守这个形式。

这个遵守与自由完全不冲突。我们脑海中浮现出一群正在画画的孩子，用画笔尽情地发挥着想象，这种时候，我们会忘记他们其实是在集体中、在美术课这个固定时段做着画画这件事。另外，还要注意到一个问题，即便这个时间是分配好的，有强制性在里面，他们也一样乐在其中。学校教育让我们知道，也许自由与限制是共生的。孩子到了学校就不能再为所欲为。自由，不是

① 权威首先体现在教师身上，而教师权威背后象征的其实是国家的权威，号召所有公民遵守同样的法律法规，在他们之间建立平等的共和观念。今天，由于法国政府越来越丧失威信，部分地区的教师得不到应有的尊重，甚至遭受侮辱。这种局面恰恰是政府放纵的结果。学生持匕首刺伤教师，威胁的其实是政府威信。按照学校制度原本的设定，教师的权威是自然而然树立起来的，根本不需要刻意展现。勒令学生退学、体罚学生，甚至警察出现在课堂上维护秩序，这些现象反映的不是学校的权威，而是专制。体制的脆弱可见一斑，它没有达到预期效果。

"做你想做的事"①，而是懂得给自己的欲望套上枷锁，用理性判断一切。唯有每个人都学会控制欲望，大家才可能建立共同的社会生活。于是乎，学校教育要达成的三个目标有了先后次序：它首先应该以培养"自由的人"为憧憬，"自由"指"不要成为自己欲望的奴隶"。这样的人才可能进一步成长为"理性的公民"。当然了，没有在学校学习的基础知识及技能（读、写、算），一个人也无法享受作为公民的权利，他可能连选票上的字也不认识。② 只不过在掌握任何知识、技能之前，他首先学会的是遵守纪律。

从积极意义上理解人与限制的关系，这是关于什么是法律的教育。老师强制一个孩子做到的事情，也要求其他孩子做到，这和他长大后做一个遵纪守法的好公民是一个道理：生活在这个社会的所有人都要遵守同一套

---

① 在《理想国》中，柏拉图借批判"放纵"，也批判了这种不成熟的自由观。他的看法可以作为一个理想的起点，供我们思考什么是自由。"我想要什么"体现的既可以是人的天然欲望（比如食欲、性欲），个人自由湮没在全人类、"大家"的共性下；也可能是后天养成、被环境人为塑造出来的欲望（比如衣服要穿名牌、想从事新经济背景下的某种职业），此时的个人自由又湮没在阶层、社会乃至文明的共性下。

② 显然，无知为专制独裁提供了温床。

法律制度。①

从孩子的角度看，他可能认为老师的权威是一种专制。然而卢梭告诉我们，学校时期建立起来的这种稚嫩的认知，轻易将权力划归为专制，可能导致严重的后果：孩子可能将一切权力都当作专制，进而发展出不合作的态度，阻碍他成为合格的公民。②

对于孩子来说，在不理解老师权威的合法性从何而来时，他如果被动地接受，那么这种服从的结果就是放弃自由，任由学校向他灌输奴性。他如果不服从，可能成为叛逆者，条件反射般地将一切权力视为专制，盲目地反抗。不论成为奴隶还是成为叛逆者，总之，他都不会是个好公民。

与奴隶不同的是，公民有权参与政治决策。公民在

---

① 所有人遵守同一套法律制度，这样的做法也适用于道德。小到城市、地区，大到国家，法律面前人人平等。道德准则可以理解为所有人理应遵守的规矩(前提是每个人都按道德准则行事)，它的适用范围已经超出了集体、国家，而具有普世性(例如康德在《纯粹理性批判》中说："人是目的，不是手段。")。在学校要听从老师的命令，到了道德范畴，就是自己约束自己，按道德准则行事。学校教育通过纪律规范，让孩子学会克制自己的冲动，在他们的内心铺就滋养道德的土壤。这个土壤正是人的理性，它也让一个孩子懂得法律的必要。所以说，学校教育能训练一个人("in/struere"：建构内在)：帮他打好进入社会生活这座高楼大厦的地基。人在学校学什么？学习如何培养道德。

② Rousseau, *Émile ou De l'éducation*(《爱弥儿》).

遵守国家法律的同时，也觉得自己遵从了良心。叛逆者则不同，他们是不得已才遵守法律的，认为法律阻碍了个人自由。这是纪律可能造成的意外后果，学校没有培养出未来合格的公民，反而让人走上被奴役或叛逆的道路。①

要让孩子理解不是所有的权威都等于专制，老师要做的就是向他们解释清楚规则设立的必要性。本来可以讲清楚道理，就不该让孩子们糊里糊涂地被动遵守。但如果碰到的是一群还没懂事的孩子呢？正好，既然不明白为什么必须遵守规则，他们就会努力试着去理解其中的道理……一个人的理性、他对未知的好奇就是这样一步步培养出来的。孩子受批评时，最不爱听的一句话就是"以后你就会懂的"。即便是长大后才能明白的事情，也应该从现在起就向他们解释，为的是从这一刻起，在孩子的心中埋下种子，让他们有主动理解事物、钻研问题的意愿。我想强调的是，我们应该把孩子当作成年人一样来对话——这样才能帮助他尽快长大，真正"成人"。入园的第一天，当老师让三岁大的孩子们挨个儿围坐在长凳上时，就应该明明白白地向他们解释，之所以要让每位小朋友在固定的位置上坐好，是因为这样不但能让每个人有表达的机会，有自己的位置，也能让大家充分享受身在集体的感觉，方便和周围的小朋友互

---

① 所以卢梭反对学校教育，提倡家庭教师的温情教育。

动。她把其中的道理讲得越清楚，就越有利于启发这些孩子的心智，也就越不会给他们制造专制的错觉。

对身体的强制约束为人的精神发展留出了空间，甚至提供了自由……保证纪律基于一个美好的信念：它留出时间，等待孩子和他的思想成熟。要求孩子安静坐下，已经是在要求他对为什么要安静坐下这个问题做出思考。整天待在学校，可能偶尔会有厌学情绪，但至少这段成长的时光是属于他自己的。他可以利用这段时光做想做的事情：幻想、思考、烦恼、聆听……学校教育的特殊，就在于它区别于社会生活：等一个人离开校园，走入社会，就只能在琐碎生活的缝隙中偷一点点时间，重温当初在校园读书、做梦的单纯岁月。每天困在"待办事项"的汪洋大海里，他必须奋力挣扎，才能得到一丝喘息。

共和派相信，向孩子清楚解释身体规训①的必要性，能激发他们独立思考，达到培养理性的目的。学校教育首先是：限制人的一部分（身体），让另一部分得到表达（理性）。

保证纪律也会带来一个问题：既然说纪律在约束身体的同时促进了精神的觉醒，那么暗含的意思就是敌视身体，认为它妨碍了思维。这正是康德及许多西方理性

① 这种规训（discipline）不同于矫正（dressage），不是强制性地让身体养成某一种习惯，而是在必要的场合下对身体进行规范，唤醒孩子内在的理性。

主义哲学家的观点。康德认为，人是唯一一种遵从原始本能就会自我毁灭的动物。[①] 任何动物，都没有像人一样，如此需要教育。"规训把兽性转变为人性。"[②]所以从小开始就要对人展开教育。

这就好比机械动力学的道理：通过身体规训，拿掉兽性，用理性代替。

然而，学校教育的局限也在这里。人毕竟不是由两部分组成的机器，一部分是躯体，按个按钮就能随时关闭，另一部分是完全脱离躯体而独存的精神。人身上天然存在的兽性，这些原始冲动，不可能说拿掉就拿掉。存在于自身的一部分不会完全消除。既然消除不了，也关闭不上，那就只能压抑，通过另一种途径来排解。我们必须为自身动物性的本能提供发泄通道。

教师如果一味利用权威压服学生，态度简单粗暴，那么即便他做到了公平对待每个人，也无法使学生内心的压抑(攻击欲、自我膨胀、生命能量……)得到纾解，反而会逼着它们寻找别的出路。无数经验证明：这种类型的教师调动不了学生学习的积极性。[③]

求知欲的来源很复杂，一两句话说不清楚。我们没

① 康德的《永久和平论》(*Projet de paix perpétuelle*，Vrin) 则是针对国际社会中国与国之间如何避免毁灭性的冲突、维持和平提出的限制。

② Kant, *Traité de pédagogie*(《论教育学》)，Vrin，p. 42.

③ 很多学生在面对这类老师时都会呈现不同的病态，这些病态表达的其实都是被压抑的本能。

理由相信，单靠身体规训，就能让一个人产生对知识的渴望。

身体与思维不是完全对立的关系，所以说学习的乐趣不仅来自纯粹的知识：在对知识产生好奇，感受学习快乐的过程中，身体和思维是被同时唤醒的。当知识的光芒照进一个人的眼中，他整个身体都会不自觉地前倾，举起手准备发言。教育要唤醒的就是人求知的内在动力，让他意识到自身对知识的渴求。那么，它要如何做到这一点呢？

二、学校教育给予学生肯定与认可

既然学校教育希望点燃并延续学生的求知欲，它就要运用各种各样的方法，让学生始终处于渴望学习的状态。①

学校提供了一种环境，让人和人共同相处，建立关系。人在这种环境下会自然而然地生出一种欲望，它虽然不是求知欲本身，但却是求知欲产生的一大动力来源。面对他者——我的同班同学，我内心深处会有一个强烈的意愿，它排在第一位，是激励我前进的动力：我希望在这里得到别人的认可。

幼儿园第一年结束时一般要交"手工作业"，让孩

———————

① 我们可以把欲望定义为一种自发自觉的心理倾向，朝向主体想要得到的某个对象。

子们展示自己的图画、水彩、字帖等。接下来，大家就要从自己主观的小世界走到更大的客观世界：你做出的东西要接受其他人的点评。中小学阶段，你要交作业、上黑板做题，所有行为都要展示、暴露在众人的目光中。在学校，一个人会感受到他者评价对自己的影响。这个他者，并不只是校规校纪、班级守则的见证者，也是我自身的价值的见证者。这就是学校教授知识要起到的作用。学生并不是麻木地面对他所学习的东西，成绩的存在也体现了这一点：在学校，大家用知识换成绩。孩子在学习怎么读书的同时，也希望自己能得到别人的肯定，被别人看作会读书的人。我们首先渴望的是肯定与认可，接下来才有了对知识的渴望，因为知识是获得肯定与认可的条件。求知欲可能不是天生的，但一个人想得到他人认可的欲望却极有可能是天生的……

黑格尔认为，人和动物的根本区别，就在于人需要来自他人的肯定。动物需要满足本能的欲望，人也一样，但还不够。人不但需要满足自身欲望，还希望自己欲望的价值被他人认可。从这个意义上说，光是彼此相爱这一点，对罗密欧与朱丽叶而言是不够的。他们的不幸，这个让他们走向飞蛾扑火般悲剧命运的不幸，源于两人的爱没有得到旁人的认可，换言之，他们爱情的价值没有得到肯定。由于缺乏肯定，两个人选择殉情。学校教育，破天荒地以一种公开而又客观的方式，给予孩子被肯定的可能：学校建立了一个无形的制度框架，学生的价值就在这个框架内被衡量，作业、成绩单、学习报告都用来作为衡量的标准。

这种针对自我的客观评价，孩子无法从家中获得。家长对孩子的爱，通常是主观的、热切的，与孩子本身的言行无关，无论他做什么，家长都爱。学校却能在家庭之外，提供给一个孩子"额外的东西"，即外界对它的认可。学校对人的教育其实可以从教育这个词的源头来理解：引导一个人走出家庭。

有些老师，被学生搞得头大时，就喜欢抛出一句蠢话："你在家也这么干吗?"要学生守纪律就应该把其中的道理讲个清楚，而不是莫名其妙抛出这么一个空洞的问题。学校教育的使命就是要引导一个人走出家庭的小圈子，离开原本熟悉的环境与父母的庇护，戒除在家里养成的各种习惯，进入学校这个外部世界，在这里满足被认可的欲望……把责任抛回给家庭，相当于不让孩子融入学校生活，撵他回家。

人在学校学什么？一个人的价值不能在家庭中得到体现，他必须勇敢地站上讲台，在黑板前书写自我，走向广阔的世界。[①]

有些孩子甚至没有一张用来做作业的书桌；也有些孩子，因为拥有的爱太多，甚至不觉得有证明自己价值

①　与大家通常认定的"教育"或"好的教育"相反，学校不应该向孩子灌输社会或道德的价值(这是家庭教育要担负的责任)，而要教他们如何实现个人价值。

的必要；还有些家庭的孩子，无时无刻不在为赢得认可而努力。的确，学校要做的就是创造公平的条件。这样做的首要目的还不是为一个人遵纪守法、成为公民做启蒙，而是要给大家提供一个发现自我的机会，看到自身独特的价值，用真实的努力和成绩证明自己，在他人的参照下确认自我。幼儿园教室墙壁上张贴的作品就是一种自我实现的展示，一个人在与他人、外部世界接触的过程中，通过自身的言行最终发现了自我。学习写字通常都是从写自己的姓与名开始的。这不就说明，在学校学习的东西其实是让一个人回归对自我的认识？同样，小学生接触作文开始，最早写的题目都是关于假期、童年的个人经历。以上例子都隐隐说明，学校建立的评价体系，我们在此追求的客观认同，其实质是要完成一个人对自身的主观认同。要未成年人写作文讲述他的家庭旅行或他的童年经历，很明显是要他走出自己的家庭，走出只属于自己的童年，在学校追求外部世界的客观肯定。学校教育的重心不在绘画或论述本身，而是让一个人认识到绘画或论述对认识自我的意义。

　　人强烈地渴望被认可，于是迫不及待地把欲望的对象理想化，一旦得到，又立即变得不满足。我们真正想要的，其实不是毕业会考成绩拿到优，也不是商学院的录取通知书、某公司高管的职位，而是源源不断的新的目标。人永远活在不满足当中，柏拉图对此早有洞悉：欲望的对象一个接着一个，最终唯一能满足我们期望的那个对象，也许是永恒。对黑格尔来说，这个对象是认可。不过，两者又有什么太大的区别呢？期待被认可，人只要活着，就有这样的担忧。假如生命可以永恒，那么人就不会为了求得认可而煎熬了。正因为人不能长命百岁，人终有一死，所以人的一生贯穿着对认可的期待。学校教育告诉我们，自我实现可以平复部分的生存焦虑。我们的成绩，哪怕再微不足道，也是一个人对抗终极命运的吉光片羽。母爱或家庭的温暖不足以平复生存的焦虑，所以学校教育必须存在。身为孩子的母亲能有什么办法呢？她只是给了一个孩子生命，而这个生命注定走向死亡，她无能为力……上学，首先不是为了学习具体的知识，发现哪条定理、理解哪门课程，而是去理解学习这些内容的原因：我想求得别人的认可，一种在家庭氛围中感受不到的认可。家长以他们的方式"认可"了孩子，为他筑起了抵御外部风暴的壁垒，但孩子内心却升腾起另一种被认可的需要。表面看来，学校是在教给孩子一些文化知识，但实际上，它代表了孩子通过努力取得认可的过程。于是我们看到，学生们在课堂上会围绕某个文学片段或哲学命题展开不同的讨论。比如有的人认为鲍里斯·维昂（Boris Vian）用散文诗风格写出的作品很肤浅，反对的人会说他才是真正的诗人。大家通过争辩，其实都在阐述自己的价值观。一方面，每个人都希望别人认可自己的这套诠释；另一方面，每个人在与其他人的思维碰撞中也训练了自己的思维。我们需要与自身存在冲突的其他人。学校教育提醒我们，人无法逃避与其他人的冲突。它让我们懂得冲突的意义，也教我们为冲突做好准备。

我们有时候会说一个人"独来独往"，但其实没有人是真正独来独往的。一个人的自我，建立在他人对自己的认可上。大家都认为的"独来独往的人"或"上社会学校的人"，也需要被认可。萨特说过一句经典的话："他人是我与我自己之间的媒介。"[①]在他的剧作《禁闭》中，地狱的密室里没有镜子：人只能把他人当作镜子，通过他人的目光来认识自我。因为人完全依赖于他人，所以"他人即地狱"。萨特试图展现一个没有上帝的世界。假如没有上帝告诉我关于自身存在的价值，那就只剩其他人来告诉我了。假如没有上帝鼓舞我作为造物主所造之物的主观信心，那就只能迫切地要求其他人从客观角度肯定我存在的价值。学校教室里也没有镜子，我们要在其他的目光中寻求对自我的认同。学校向我们展示了一个没有上帝的世界。

"一个人就是其行为的总和，"萨特总结道。[②] 学校教育应该教给学生的是，他们既非资产阶级，也非无产阶级，既非天赋异禀，也非生性懒惰，每个人都只是自

---

① 萨特的存在主义哲学在很多方面得到了黑格尔思想的启发。

② Sartre, *L'Existentialisme est un humanisme*（《存在主义是一种人道主义》），Folio essais.

己成绩的总和，是向老师同学展示出的所有精力投入（课堂提问、作业、与他人交往）的总和。

当然，厌恶上学，要么在成为杰出的喜剧演员、名作家以前有过辍学经历，这样的人也不少，但是放弃、中断学校教育，其实是逼着他们通过另一条道路寻求认可。①

学校教育一开始约束了孩子的部分欲望，接着又激发了某些欲望：求知欲成为满足被认可这种更深层欲望的必要条件。认可欲呼唤求知欲，这像是文化耍的一个诡计：将人对知识的好奇嵌合到天生期待他人认可的精神需求②当中。学校教育提倡大家向着知识敞开怀抱，以获取他人的认可。人在学校学什么？文化（教育的内容）可以是满足人类天性（被认可的需要）的一种方式——简而言之，人是需要文化的。

当然，这里所说的文化不只是知识的总和，不只是"文化背景"。学校教育甚至让我们面向人类文明的原则：人需要在家庭以外的地方（也是在天性以外）找到

---

① 至于其他没有寻求到认可的人，他们会在自我肯定和自我怀疑之间反复循环，即便生活得很幸福，也会从内心深处感受到一种根本性的缺失，终其一生都会与这种缺失感为伴。

② 期待他人认可的精神需求显然不同于吃喝拉撒睡这样的身体需求。黑格尔指出，自我意识只有在一个另外的自我意识里才得到满足，自我意识的满足是分阶段的。这就已经超越了二元论的立场：智力活动既然可以满足人类被认可的需求，又怎么能说肉体（corps）与精神（esprit）是分开的呢？

能对自己产生影响的事物，从中获得满足。

乱伦成为禁忌，迫使人类走出家庭寻觅性缘对象，这样一来，我们势必要经历文化的冒险，尝试与他者相遇。同样，对认可的期待在家庭内部得不到消化，人就会往外部寻求满足。学校教育让我们知道，我们在这个问题上其实没有选择：唯有走出自身，才能满足对认可的期待。

三、学校教育启发人对知识的向往

教一个四岁大的女孩阅读是什么情形？教一个少年理解波德莱尔的诗又是怎样的情形？

真实的情形是，这位少年要先抑制住本能的冲动，才能安静坐下来欣赏诗歌。同样真实的是，他理解一首诗的同时，也在理解自己，他对诗的认识伴随着他对自己的认识。不过，这还不是知识与他生命的唯一关联。

在学校，学生学习到的知识会对他们产生影响。影响哪些方面呢？他的人生，还是他（作为"自由的生命"）心理感受到的强烈紧张和意识形态的复杂多样？抑或是他的职业生涯，走向"职业化劳动者"的未来？小女孩在学习阅读的过程中有了对生命更加丰富厚重的体验，这将彻底改变她的生存方式。在上学途中，她会在街道、广告牌、商店橱窗等各个角落，发现自己名字所带的字母，理解其中的含义。她周围的一切都开始发光。那个少年也一样，等到能背诵波德莱尔的诗句时，他就会把新学到的词汇带入自己的情感世界，从中悟出新的道理。苦恼还是那个苦恼，只是它现在披上了波德莱尔忧郁的外衣，人对它有了更新也更深的感受。

当今时代似乎提倡的是以未来工作和"就业市场"为导向开展教育，目标就是培养"职业化的劳动者"，让每个人能找到一份工作。[①] 这最多只能算权宜之计，能暂时性地解决失业问题。在就业环境不稳定的大背景下，学生即便掌握了某一门技能，意义也不大，因为他一旦失去手上这份工作，就很难找到另一份工作来代替。学校教育只瞄准就业这一个目标，意味着它不可能再培养出"自由的人"。这个"自由"首先还是针对就业来说，指一个人在不断萎缩的就业市场上拥有的自由。再来，学生们原本应该在知识的滋养下，发现自由、感受生命，现在学校教育也让他们丧失了这第二重意义上的自由。难道大家没注意到，学校教育已沦为"就业"预备班，学生们也变得越来越消极？

知识的作用绝不是让一个人走向消极，在就业上能助你一臂之力就万事大吉，它要做的是激发一个人生命的活力。知识从来不是中性的，它会对一个活生生的人产生影响，用不同的方式传授，就会对这个人产生或积

----

① 依据是法国毕业会考中报考职业类（bac professionnel）和技术类（bac technologique）的考生人数大增。职业类会考的专业方向包括机械生产、工程建筑等，技术类会考下设"非生产类技术组"（STT）、"工业技术组"（STI）、"社会医疗组"（SMS）等组别，占到法国高中毕业会考的半壁江山。

极或消极的影响。① 同生，就是一同出生。学习阅读的过程，就是一次新生。认识波德莱尔，就是与波德莱尔一起重生。同样一堂课讲解波德莱尔的诗歌，带给心灵脆弱的青少年们的影响却可能完全不同。假如授课的老师语气生硬枯燥，只顾自说自话，毫无同理之心，学生听完后的感受可能是更加绝望。相反，有些老师的讲解却会给学生带来心灵的安慰，他会一层一层地剥开波德莱尔的内心世界，让学生们看到其中深藏的人性，以前他们会为自己忍受着与波德莱尔相似的心灵苦闷感到羞愧，现在听了老师一番讲解，转而为这种联结在自己和波德莱尔之间的精神血缘感到自豪。学校教育应当传递给学生的信息是，知识可以帮助一个人更好地生活，生活与思考这两件事是分不开的。

当同时代的人都在迷信历史、留恋过去时，尼采却以犀利的语言对历史文化做了酣畅淋漓的批判。② 他将

---

① 要理解知识与生命关系的本质，首先就要问问自己，知识究竟是什么，克服日常语言表达给我们造成的障碍。比方说"文化知识"这个词，bagage culturel（bagage 在法语中指"行李"），给人的感觉是知识像一件行李，人承载着知识这件行李，而不是反过来，知识承载人。另一个词"大众文化、整体文化"，culture générale，传递的意思是文化不针对个体，它不能对某个单独的、特殊的个体产生影响。

② 尼采《第二次不合时宜的思考》（Seconde Considération intempestive）这本书的副标题已经表达得很明确了："论历史的用途与滥用"（De l'intérêt et de l'inconvénient des études historiques pour la vie）。

德国人如何将知识服务于生活的方式与古希腊人进行了对照。伊壁鸠鲁派围绕偶然性建立了一种原子论，这种哲学观直接地作用、体现在现实生活中：信奉伊壁鸠鲁哲学的人，每一天都因为"我活着，我很幸运地存在于这个世界"享受着单纯的幸福。相比之下，与尼采同时代的德国人过分依赖知识，带来的结果无非是对历史盲目崇拜，安于"小市民"的现状停滞不前。他们只知道景仰前人的"高屋建瓴"，对眼前的生活毫无建树。知识在他们那里不过是摆件，想起来了偶尔掸掸上面的灰尘。他们的生命、想象以及行动都被知识禁锢，变成了尼采所说的"木乃伊"。这种知识本身仇视生活，人拥有再多这样的知识也没有用处，就像古董商抱着一件古老陈旧的家具。①

问题的重点不在知识本身，而在如何接受知识。学校教育在这里扮演了极为关键的角色。人身上同时混杂着多种本能，有些是病态的，有些是维持生命所必须的，都可能因为教育方式的不同发挥不同的作用。一位主讲思想史的哲学教师，如果在介绍法国启蒙哲学与19世纪德国浪漫主义的联系时，没有涉及这些历史事件对当前现实的影响及意义，那么他这种教学方式就会

---

① 尼采同时代的人都在"纪念式"地思考过去，本质上是害怕未知，害怕一切新鲜事物，甚至害怕生活本身。

放大学生心中病态的本能。表面看来，他只是介绍思想史，实际上却暗暗传递给学生一个信号：课上所讲的这些内容，充其量不过是些历史碎片，与现下的生活毫无半点关系。学生们本来对生活抱有更高、更好的期待，经他这么一说，心中希望的火苗被彻底浇灭。教师在向学生灌输，知识与生活是截然分开的两件事。反之，如果他试着跟学生解释，启蒙哲学当中蕴含着这样一种观念，即人类的伟大就体现在他对弱小(孩童、自然、动物……)承担的责任上，时至今日，即便我们已经实现了难以置信的技术突破(例如胚胎移植、转基因)，这份责任感依然至关重要，那么，他这门启蒙思想课就有可能帮助学生成长为更具责任感、更尊重自然的人。有一天，等这些孩子也即将为人父母时，这些课堂上悟到的东西就会派上用场。教师能教给学生的绝不仅仅是启蒙思想或德国浪漫主义的概念，他要向学生证明，知识就是用来生活的。

古希腊人在深入了解邻邦尤其是马其顿的政治制度与社会习俗后，从中汲取灵感，创造了另一种生存方式，成为令尼采痴迷的"艺术式文明"①，历史从而焕发出新的生机。古希腊人建立的民主与哲学，让他们的生

① Friedrich Nietzsche, *Seconde Considération intempestive*: *De l'utilité et de l'inconvénient des études historiques pour la vie*(《第二次不合时宜的思考：论历史的用途与滥用》)，GF-Flammarion.

活彻底改头换面。① 同样，高三毕业班的学生，如果能从介绍启蒙时代的课程中领悟到今天的公民之所以要自觉进行垃圾分类的原因，他就是在用一种生动的、鲜活的、接地气的方式接受知识。

学校教育告诉一个人，知识是用来感受生命的张力的，而不仅仅为了找一份糊口的工作。正因为这个原因，它可以帮助我们找到一份工作，接下来改变我们的生活。当学校把知识与生活的共生关系教给学生，它也就完成了自己最珍贵的使命，可以安心地放开学生，因为在接下来漫长的一生中，他们都会谨记这个道理。即便生活逼得他不得不为生计走、为稻粱谋，在下了班的夜晚，在上班坐地铁的间隙，在摆脱了工作的假期，他也会一次次地想起知识与生命的这种共生……一旦理解了这种共生——真正体验过知识对生命的重塑，一个人就不再需要老师牵起他的手前行。什么是成功的教育，就是有一天，你不再需要那个给过你教育的人。

眼下的学校在持续地倡导技术教育，而技术这个东西从定义来说就需要不断更新淘汰。学过一门技术，没过多久又要重新学习、重新培训，因为技术更新换代

---

① 古希腊人建立的知识系统带给人的不是本能上对未知、新奇、生活的恐惧，而是激发了与死亡本能相对的生命本能，让生命通过艺术而自救。

了：学校教给一个人的不再是没有人引导也能自主学习的习惯，而是经过一次次的"培训"，甚至可以叫"格式化"，把他们重新变回了依赖型的人。①

我们之前提出过求知欲是不是与生俱来的这个问题，它其实很难回答。孩童身上确实带着天生的好奇，他们会一直不停地问大人"为什么"，成年人似乎对什么都兴味寡然……对知识的渴望也许并非天生就有，但它的来源仍然离不开人的本能。尼采以天才的眼光洞察

① 让-保罗·布里盖利的小书《傻子工厂》(Jean-Paul Brighelli, *La Fabrique du crétin*, Éditions Jean-Claude Gasewitch)，以利落的文笔揭示出当前学校教育的现状：以培养经济社会所需要的短期实用型人才为目标，一味强调职业技能，忽视专业以外的通识教育。大家难道没发现，学校虽然号称紧跟就业趋势(比如针对某些专业性岗位开设课程、从初中开始就进入企业实习等)，及时适应社会发展的变化(比如教师为了方便与学生交流，刻意迎合、讨好学生，使用他们的语言，教学内容也在不断萎缩)，学生却越来越觉得迷茫，迟迟无法进入社会生活？请不要误解我这里想表达的意思，设置职业类或技术类的专业方向当然有必要，这些学科的目标明确、针对性强，在培养学生专业能力的同时，也能让他们得到社会的认可，这对一个人来说是很重要的。但我想讲的是，学校不应该只盯着这一个方向，即便面对职业类或技术类的专业，也不能完全丢掉通识教育。美国培养未来教师的组织 TSTT(Today's Students, Tomorrow's Teachers)，每周只让学生学习两个小时的哲学和历史，而花在商业投资课上的时间长达九个小时。与专业课程相比，通识教育是缺席的。学校教育不能只想着怎么把人培养成会计、技工，剥夺他们接触哲学、历史的权利。

了在人类精神与思想活动中发挥作用的深层本能。他直觉上认为这些本能隐藏在潜意识中。[①] 遗憾的是，尼采没能在这条路上走得更远，他去世的时间是 1900 年，此时，精神分析刚刚问世。尼采没有来得及分析，本能到底是通过怎样的方式转化为求知欲的——也就是说，生存需要是如何变身为精神追求的。

奇怪的是，尼采提到的本能[②]（恐惧、生命力……）竟然都与攻击欲、占有欲、性欲有关，是学校身体规训的目标。学校教育之所以需要倡导知识与生活的共生，可能就是为了将受到抑制的本能转化为对知识的渴望。

这种转化只有具备一定的条件才能实现。

第一，显然是纪律规范。没有它，与攻击、性有关的原始本能就会不受控制，为所欲为，再无转化的机会。有了严格的纪律限制，这些被压抑的生命能量就会暂时积蓄起来，寻找其他出口。这是本能向着求知欲转化的第一步。[③]

第二，学校教育特意激发出人对认可的期待，由此

[①] 参见尼采的《查拉图斯特拉如是说》。"有良心的人"，不知道自己对塔兰图拉毒蛛大脑钜细靡遗的了解其实暴露了对未知的恐惧。

[②] 尼采对恐惧本能与艺术冲动的区分，也就是后来弗洛伊德区分的死亡本能和生命本能。

[③] 也是一个必要非充分条件。纪律规范在要求人克制本能欲望的同时，没有提供任何替代性方案，所以往往遭到人的排斥。

引导他们向着知识攀登，通过这种方式释放生命能量。但假如教师做到了公平却过分严厉，学生可能就会想办法到这个压抑窒息的环境以外谋求认可。①

第三，也是决定性的条件，在于教师要懂得如何激发学生的欲望——对学习知识的渴望。他要借助一定的教学方法达到效果。具体怎么做呢？举例子，最好身先示范、以身作则！他自己就是知识与生活完美结合的范例，与其空泛地说教，不如用活生生的现实说服学生，让他们意识到，眼前站着的老师就是一个被知识改变一生的人，知识让他的生命变得更丰富、更有活力。拿教文学的老师来说，如果没有与诗歌相遇，他说不定早已走入歧途。在学生的心目中，老师不再扮演武断专横的形象，而成为古希腊人所说的充满"魅力"的人：从词源上讲，有魅力的人，就是能激发出他人欲望的人。一个充满魅力的人，会让看到他的人也想变得充满魅力②。教师在学生面前扮演了知识改变生命的角色，就会激励学生也通过知识这座桥梁成就自我。他让学生看

---

① 随着年龄的增长，人会越来越需要得到别人的认可。还没长大的孩子总自以为是，觉得自己什么也不需要证明。这种情况下，学校教育就既不能激发出他的求知欲，也不能帮助他将被压抑的原欲转化为求知欲。

② "séduction"（吸引力、诱惑力）与"charme"（魅力）两个词的区别就在这里：séduction 强调操纵、控制，charme 是要人变得更好；séduction 剥夺一个人的内在，charme 则是丰富一个人的内在。

到了生命新的可能。教师"以身示教"，绝不代表他的经验就是一把万能钥匙，跟着模仿就能成功，更不是要把他捧上道德的神坛。这样做的真正目的，是让教师在日复一日的教学中，通过耳濡目染，明明白白地向学生呈现知识是怎样改变生命的。学生学到的，不是老师的人生轨迹，而是和他一样的对知识的向往、渴望，也期望用自己的方式与知识沟通，收获自我的成长。他要把知识百分百融进生命，而不是把它当成一件随身携带的行李或是"统一的市民礼服"①。

教师权威的建立有助于学生遵守纪律、自我约束，但在权威之外，他还需要具备人格魅力。严格要求学生，是为了抑制青少年成长期本能冲动的高涨。以人格魅力吸引学生，则可以引导过剩的本能朝着另一个方向发展：转为对知识的渴望。欲望的模仿性越强，教师通过自身带动学生求知欲的成功率就越大。② 人是这样的，看到别人渴望什么东西，自己也会对这样东西产生兴趣。教师对学问的专注与激情，以及同班同学的勤奋

① 在《第二次不合时宜的思考：论历史的用途与滥用》中，尼采提到德国人对历史知识的向往，原话是："历史教育与统一的市民礼服同时占据了优势。"

② "模仿欲望"是勒内·吉拉尔在《暴力与神圣》(René Girard, *La Violence et le Sacré*, Grasset, 1972, pp. 217-218) 一书中提出的核心概念。不过早在他之前，斯宾诺莎在《伦理学》(*Éthique*)第三部分讲到人类的爱与快乐时，就从更大范围内探讨过这个问题。

好学，都会触动学生内心渴望的开关。如果说刚入校时，他身上还活跃着生命最原始的冲动，到这一步已经转化为对知识的好奇。老师在传道授业的同时，也将求知的乐趣传递给学生，让他们感觉到自己也向往知识，这样一来，知识对人有了真正的吸引力——吸引无处发泄的力比多。[1]

学校教育并不是要强迫我们驯服野性，扑灭原始的生命能量，而旨在引导我们将这些生命能量转移到精神活动上。要达到这个新目标，被压抑的原欲就必须成功地完成一次变身改造。这一可能完成的转换定义了人类情感，使它区别于动物本能。[2] 这是弗洛伊德的一大发现。人类以外的哺乳动物，只能通过性交来满足性欲。人类则不同，满足性欲或攻击欲，不一定非得通过性交或攻击，思想、审美等也可以作为途径……弗洛伊德提出的"升华"就是指被压抑的性欲、攻击欲偏离原始目标，转移到审美、文艺创作或与文化有关的智力活动上。[3]

---

[1] 亚里士多德认为，这种求知的乐趣可以引领人走向完美。

[2] 这是弗洛伊德最重要的理论贡献之一。参考第三问"美为什么吸引人?"的内容。

[3] 弗洛伊德多次提到"升华"，但他的定义有诸多含糊和矛盾之处。后来，拉康后来在《精神分析伦理学》(*L'Éthique de la psychanalyse*, Éditions freudienne internationale) 中对"升华"理论进行了更为深入、细致的解释。

现在请你再好好看看教室里那些闹腾的孩子们，他们来到学校，在座位上坐好，一天天逐渐体会到知识带给自己的乐趣……你难道还不明白，孩子依旧是那个孩子，身体里涌动着和从前一样的生命力，只是换了一种表达？

原欲与求知欲之间的关系不是机械式的。不可能把坏的部分丢掉，只留好的部分发展。生命中的各个部分是一体的，但可以转化，类似化学反应的原理：液体转化为气体，被压抑的原欲也可以改变形式，转化为求知欲。攻击欲、性欲、占有欲都为求知欲提供了能量动力。水烧开后变成水蒸气，但其中的成分依然是 H_2O。调皮爱打架的小男孩，不知从哪一天开始受到老师的感召，在课堂举起手来问出了第一个问题，推动他的仍旧是原先那股生命能量。

法国的国民教育（éducation nationale）一度被称为公共教育（instruction publique）。学校实际担负着教导（éduquer）与训练（instruire）两项任务，今天我们重新定义了这两个方面：

学校首先教导一个人（"ex/ducere"：把……带出，引领……走出），将人的欲望（性欲、攻击欲……）带出原定目标，转向新的目标——知识。

它也训练一个人（"in/struere"：构建内在），在人身上建立一种可能，让原始的本能自行转化为理性，而

125

不是靠理性打败本能。

去学校上学，练习思考，就是练习如何将力比多做相应的转化。锻炼理性思维，就是让我们知道，生命原来可以用别样的方式焕发光彩。老师经常会在学生的成绩单上写这样一句评语："再接再厉，你还能做得更好。"现在可以把这句话理解为，你要学着更好地驾驭自己的本能。

＊　　　＊　　　＊

学校应该教给一个人对知识的向往。没有这种向往，我们不但不能忍受身体的规训，也无法获得他人的认可。

这是变相的理想主义吗？有人抱怨说："对知识的向往无法帮一个人找到工作或成为合格的公民。"求知欲这种东西，就留给巴黎名校或法国其他理工院校那些高材生吧。可是你要知道，人是很复杂的：为了达成一个目标，他常常得先去追求另一个目标。如果我们的学校在激发求知欲这条路上不那么轻言放弃的话，我们的学生可能会更加顺利地走入职场，成为公民。

在法国，你只要八月份出门坐一趟高铁就能真切地体会到人的求知欲是多么脆弱的东西，多难被激发。火车上的这段旅程，原本可以好好利用起来，读点有内涵、有深度的东西，但看看大家腿上横七竖八摊着的，尽是《Gala》《Closer》《People》这样的杂志。这类读物顶多提供丁点娱乐碎片，对一个人生命、思想、情感的塑造起不到任何作用。

学校教育的首要内容不是知识——用教材就能学习知识。

学校教育的首要内容也不是生存——生存本身就是最好的老师。

学校教育教给人的是：知识与生命应为一体。

第五问

人要不要信仰上帝?

我的上帝，我的上帝，你为什么要抛弃我？

　　　　　　　　——十字架上的耶稣

在小说《局外人》中，加缪塑造了这样一位主人公：他对周围发生的一切无动于衷，母亲过世也好，杀死阿拉伯人也好，他都没什么感觉。阳光偶尔让他觉得温暖，又令他无法忍受。你很难看出这个人对生活到底还有什么期待。当这位主人公默尔索因杀人接受法庭审讯时，法官竟将重点放在了他对待母亲葬礼的冷漠表现上，指责他没有流一滴眼泪。道德判了默尔索死刑。不过，生活对他而言已经没什么好留恋的了。世界是荒谬的，他不相信上帝。整篇小说中，上帝唯一显出存在感的时刻，就是神父前来为默尔索做临终关怀，在狭小的囚室里与他谈起上帝。

倘若默尔索当初信仰上帝，事情会不会起变化呢？他杀死阿拉伯人的一刻，会不会后悔负疚？明晃晃的太阳对他有没有产生别的意义？

倘若他相信，上帝是世界的起源，还会不会觉得世界是荒谬的？

倘若他心中有上帝，哪怕只是一个模模糊糊的概念，还没到确信笃定的程度，他又会不会在母亲刚刚下葬、尸骨未寒的时候，就立即跑去和女人睡觉？他会不会担心，哪怕有那么一瞬间担心，自己的所作所为都在上帝的眼皮下？即便他还是照旧去做，心情能一样吗？

以上想到的所有问题都透露出一点：上帝是否存在不重要，重要的是信仰会对一个人的实际生活形成怎样的影响。是不是必须信仰上帝，才能得到幸福，才算是一个真正意义上的人？信仰上帝，证明了人对肉眼观察不到的事物的想象力。在现实、已知、已证之外，我们还拥有更大的自由。不过，信仰本身会不会让我们对现实有所忽略或冲淡现实的分量呢？

假设局外人默尔索也相信上帝，对于粗粝的现实、生命的沉重，他还会不会有同样深刻的感受？一旦有了对永恒的期盼，他还会觉得照在皮肤上的阳光同样温暖吗？

信仰上帝的人认为，世界上的一切美好都是神迹的佐证；不信仰上帝的人搞不懂，为什么非将这些美好贬损降格为某种高级智慧主导下的创造：美好本身的存在就已足够。也许，人和人就是不一样的，有人信上帝，有人不信；不同的人，面对世界及他者的方式也会不同。

问要不要信仰上帝这个问题，就是问自己想成为怎样的人。

一、信仰上帝是成为人的最好方式

为什么某些东西，有好过没有？世界究竟是怎么开始的？这些问题，科学给不了解答，就像它也回答不了我们人的存在究竟有什么意义。科学要解决的是原理问题——"怎么样"，而不是源头问题——"为什么"。大爆炸理论，既解释不了"为什么有世界"的问题，也解释不了"为什么有大爆炸"的问题。

站在物理学的角度，一切运动皆有起因。世界最初的原动力到底是什么？必然要有所谓的第一推动力，这个推动力本身不在运动当中，但它引发了其他事物的运动。中世纪神学就从这里引出了上帝的观念：世界的第一推动力就是上帝，他本身不动，是完美的化身。也就是说，人最初相信上帝是因为物理学无法为我们解释世界的起源。物理学有盲点，所以人类需要形而上学①。

　　我们在头脑中想象出一种无限，由此走向上帝，而不是倒退回逝去过往的黑洞：世界只能诞生，向前走。②

　　众多教会圣人（圣·奥古斯丁、托马斯·阿奎那、圣·安塞姆……）与哲学家都在极力向世人提供"上帝存在的证明"，以此作为对世界起源的解释。这一课题

---

　　① "形而上"（meta）的意思是"在……之后、超验的"。形而上学，就是排在物理学之后的学问，研究客观世界背后的规律或真理，包括事物的起源、终极目的及存在的原因。
　　② 在寻找世界"起点"的过程中，我们也在寻找它的源头、建立的根基、存在的意义。这里我用了"sens"一词，既指含义、意义，也表示方向，两个词义之间是有关联的。世界存在的意义——以及方向——来自上帝的意志，意味着上帝一开始向世界吹了一口灵气，给了它一个"方向"，于是世界才有了存在的意义。"方向"与"意义"还因为另一个原因交叠重合：了解一个生命或一种文化的起源，其实就是破解当中的神秘——了解对方从哪里来（它的方向），就是参透当中的意义。

后来甚至发展成为西方哲学史上的"经典训练"①：从笛卡儿到莱布尼茨，无数哲学家接力式地想要印证上帝的存在。假如能通过逻辑论证或数学运算的方式来证实上帝存在，大家就不会围绕这个问题争论不休了。既然上帝存在，那么毫无疑问，应该信仰他！

先看笛卡儿提供的一个论证：作为人类的"我"本身并不完美，但我头脑中却有一个关于"完美存在"的观念②，即上帝。从不完美的"我"脑中怎么能想象出一个"完美的存在"呢？只能说明是在"我"之外的上帝把这个观念放到了我的头脑中。换句话说，人之有限，不可能想象出无限，只能是无限本身把"无限"这个观念放到了人的头脑中。由此得出结论，上帝是存在的。

所有关于"上帝存在的证明"都发挥了怎样的作用？有没有充当哲学的"思维训练"？当然有。若干证明的

---

① 也是我们所说的"理性神学"的核心，关于上帝必然存在的理论证明有三种可能性：一是物理学—神学的证明路径，从客观世界的存在上升到外在的最高原因；二是宇宙论的证明路径，从个别存在的经验上升到必然存在的原因；三是本体论的证明路径，跳出一切实际经验，仅从对"上帝"概念的分析得出上帝存在的结论。第三条证明路径可以概括为：上帝是一个具备完美属性的概念，完美属性必然包含着实际存在的属性，所以，上帝是实际存在的！

② 先有完美这个观念，再有完美存在的观念。参见笛卡儿的《谈谈方法》(Descartes, *Discours de la méthode*, Vrin, p. 92)。

提出是不是为效忠宗教势力？不可否认，这样的因素也确实存在。不过还有另外一种可能，就是圣人哲人们已经意识到信仰对人类存在的积极意义。努力证明上帝存在，就是予人以信仰，帮助他们更好地生活。

人需要上帝，不仅因为他代表了人对世界起源的想象……也因为他关系到人的前路、死后的世界和无限。[①]

将内心对未来的不确定投射到上帝这个观念上，是人类的一种精神需求。人性当中诸多元素，如期待、希望、焦虑等，都从这里发展出来，都反映出人类试图"预见未来"[②]的心理。时间感是人才有的，动物没有时间感。打个比方说，厌学的学生总在想校园外的天地，暗恋的人会想象自己已经投入对方的怀抱。动物永远"'进入'现在，忙于此刻的恩惠"[③]，人无法像动物只活在当下。因此，人只要想到死，就会陷入思维的僵局：预设未来已成为人类思维惯性的一部分，死亡宣告了这

---

① 人之所以需要上帝，其中一方面是要找到对世界本源的解释，不再无限制地回到过去，而是将自己的内在性向着无限的未来投射。上帝的本质与无限性的概念有关。但具体是怎样的关系呢？是上帝在我们头脑中置入了无限性的概念，让我们走向他？还是仅从这个无限性的概念出发，我们就能推导出一个实际并不存在的上帝？

② 对应的心理是让昔日"重新回来"，思乡、恋旧、后悔、遗憾等都是这种心理的体现。

③ Friedrich Nietzsche, *Seconde Considération intempestive*(《第二次不合时宜的思考：论历史的用途与滥用》)，GF-Flammarion.

一预设的终结。想继续"像人一样地活下去"，意味着没有选择：只能信仰上帝，相信人能得到永生。至于这个上帝是不是真的存在，一点儿也不重要！正如波德莱尔说："上帝是唯一不必存在的存在。"我们想要的，就是通过信仰上帝这个行为，让人这一生，从年轻到衰老，都像事先安排的计划一样分步推进。没有对未来的预设，我们当下的生活，包括思想、欲望、想象，乃至一切官能，都会受到威胁。不但死亡的阴影会一直笼罩着我们，痛苦、疾病、屈辱、不公等困扰也会一拥而上，把我们压垮。

相信上帝，就是相信眼前经历的苦难并不代表一切。动物不像人，迫切地需要在此岸世界以外构想出一个彼岸世界①。说来很可笑，怀抱这种希望其实恰恰反映了人的无力，只能在现实面前扮演受害者和弱者的角色，期望自己撞大运。

面对患致命遗传病的孩子或行将去世的亲友，我们选择相信上帝，可能首先出于拯救自己的目的，总得要一个理由支撑自己走下去，不被命运的车轮碾碎。也可能是为了其他人类同伴，我们将永生的希望寄托在上帝身上，相信他会公平对待每个人。这种希望带来的作用如果是让一个人更坚强地面对丧失，接受死亡对人的剥

① 在这个彼岸世界中，人得以永生，灵魂从沉重的肉身中脱离，天堂就像《圣经》描述的那样："没有强弱、美丑、贫富之分。"

夺，那就说明人本身是脆弱的。但实际状况并不全是这样。人既有对上帝施恩的依赖，也能承受死亡带来的痛苦。这种特殊的爱，对他人的祈祷，不是更能凸显我们的人性，以对抗自身之境况吗？所以说，信仰会让一个人成长起来，变得更完善。

信仰反映的不完全是人的脆弱，它当中还包含反抗，对现实的反抗。所谓"活得像个人"，也有不满足于现状的意思。政治变革、科学发现，都靠这股子不满足来实现。任何信仰，不论其对象是白马王子、无阶级社会还是上帝，都包含了一种不确定性①。说白了，作为哺乳动物的人，不会满足眼前所拥有的东西。伟人、革命者、发明家，从某种意义上说都是信徒②：对眼前并不存在的东西抱有坚定的信念。信仰上帝就是这千千万万信仰当中的一个范本，因为再没有比上帝到底"存不存在"更难回答的了。

动物们都踩在坚实的大地上，"忙于此刻的恩惠"。没有任何一种动物拥有信仰。它们之所以没能改变这个世界，可能这就是原因。③ 戴高乐正是在上帝力量的感召下，出走伦敦，组织抵抗运动。在他眼中，法国的沦

---

① 一旦这个不确定性消失了，或者得到了验证，那么它就不再属于信仰，而进入了知识范畴。

② 哪怕他们是无神论者，或者是坚决反对教会的科学家……

③ 人与动物的根本区别，不在智慧——人只是比动物更有智慧一些，而在信仰。

陷绝不是它应有的命运。罗伯特·舒曼（Robert Schuman）和让·莫内（Jean Monet）都是虔诚的天主教徒，他们一起被称为"欧盟之父"①。信仰难道没有对他们后来的政治主张产生任何影响？可以说，正是信仰及随之而来的抱负，与现实形成落差，才让他们有了为之奋斗下去的动力。②

许多无神论者或不可知论者③在临终前，都会要求领受圣事，这种转变经常被当作人类脆弱的表现。换一个角度看，这又何尝不是因为人在极端状况下领悟了生命的终极奥义？自称无神论者，甚至拒绝聆听上帝的话语，也许只是在等待一个时机，等待这个问题被提出来。④自认不信上帝的人，他们拒绝接受的可能不是上帝，而是对死亡的思考，对人之境况的观照。帕斯卡尔

① 奇怪的是，法国人在争论《欧洲宪法条约》序言或说起欧洲两大源头——希腊、希伯来文明时，都对这一点闭口不谈。

② 一个简单的道理是，当我们相信永恒的、无限的上帝，不再"习惯性地"局限、执着于现实时，不就更容易相信法国会走向自由，欧洲将迎来另一个明天吗？

③ 无神论者坚信上帝不存在，不可知论者则不知道上帝存不存在。

④ 因为迷信，人对很多恐惧的、没把握的事情避而不谈，好像一谈就会有神秘的力量促使这些事真的发生。避谈死亡、上帝都出于迷信的缘故。说自己是无神论者，有可能也是因为迷信……

就敏锐地指出，浪荡子①终日吃喝玩乐，其实是在逃避生而为人不得不面对的种种焦虑苦恼。他需要用信仰上帝来驱散死亡的念头，摆脱由此而来的一切烦恼。从这个意义上说，热衷交际、狂欢成瘾的人都没有"过上像人一样的生活"：在指责信徒们依赖上帝的同时，他们自己却无法忍受生而为人的境况，处处逃避现实。他们以为将白天与黑夜的时间填满，就能让自己对这个问题麻木。这不是在逃避上帝，这是在逃避自己，逃避生而为人的真相。

相信上帝，就是直面人的有限和脆弱，就是在更好地认识自己——遑论上帝存不存在。相信上帝，就是将人生看作"解除占有、剥夺、没收"（dépossession）②：现实终归不在我们自己手上，而由我们之外的他者掌握，这个他者从一开始就希望人类存在。人在濒死那一刻可能就是这样的感受，一切的抗争都没了意义，连起身也做不到：我们的命运从此永远地交到了他者手上。既然人不能主宰一切，那么相信上帝就不失为

---

① Pascal, *Pensées et Opuscules*（《思想录》），pensée 139, Hachette, p. 390.

② "dépossession"的概念由马塞尔·格歇（Marcel Gauchet）在《世界的祛魅》（*Le Désenchantement du monde*，Gallimard, 1995）一书中提出。

接受"剥夺"的最优解之一，让我们更好地接受生命的真相。①

有人除了信仰之外几乎一无所有，但却仍然对生活报之以歌，着实令人费解。一个人的内心究竟装着怎样的东西，才能这般幸福？再多的名利、享受也不可能达到。

有信仰的人之所以幸福，也许是因为他在信仰当中找到了生命的意义。相反，还有一些人尽管功成名就，却无法解开关于生命意义的谜题。祷告的人跪倒在神前，体悟生之奥义，因为信仰，他情愿忍受此岸世界对他的摧残。

信仰的力量会对道德产生积极暗示。今天，我们之所以急切地呼唤上帝，是因为相对主义威胁到了整个时代，包括价值观念、司法体系、公序良俗、性道德等。在包容精神的掩护下，后现代主义叫嚣着"一切皆有价值"。假如这种说法真能站得住脚，再也没有什么东西

---

① 今天，个人主义思想泛滥，对上帝的信仰也可以帮助我们对抗个人主义的弊端。科技、传媒的进步让人类陷入一种假象，认为自己能掌控一切，如上帝般全知全能，我们要警惕这种假象……消费社会带来的一切都让人类自我膨胀，误以为拥有了一切。然而，吃再多的兴奋剂也总有无法到达的极限，再多的努力也挽留不住挚爱亲人的离去，这时我们才能在痛苦中领悟，人不可能主宰一切。有宗教信仰的人都明白这个道理。宗教让人懂得敬畏和谦卑，从而看破世界的假象，享受到心灵的宁静安详。

是绝对的，那我们又有什么必要再去相信一个大写的"善"，把它当成绝对呢？

人最初信仰上帝，很可能就是将他当作绝对善的化身。人向往的善是绝对的，不是相对的，所以需要上帝。此外，上帝究竟存不存在不重要，我们其实是想拿他当一个道德坐标，规范言行，不犯道德的忌讳：所谓良心，说白了不就是将上帝的目光转移到内心深处，监督自己的所作所为吗？雨果在反复阅读《圣经·旧约》中兄弟相残的情节后，写下一句话："眼睛已进了坟墓，注视着该隐。"这只眼睛，当然首先指上帝之眼，它盯着该隐，因为他杀死了自己的亲兄弟亚伯。它也代表该隐的眼睛，象征着他的良心及忏悔。

没有上帝，也就没了良心的监督，没了后悔愧疚。陀思妥耶夫斯基说："如果上帝不存在，那么一切都是被允许的。"信仰上帝成为一种道德义务，也可以说是道德的"围栏"。在行刑前的几个小时，神父前来探视"局外人"默尔索。他最终拒绝了神父的劝说，还恼恨对方浪费了自己活在这个世界上的最后一点时光。他不想再听任何关于上帝的话题。也许，你在其中读出的是一个强者的形象，不需要宗教为自己提供虚假的安慰。然而，这样一个局外人，不也成了人类境况的局外人吗？默尔索对母亲的死无动于衷，杀死阿拉伯人仅仅因为刺眼的阳光，他希望处决自己那天，有很多人来看热闹并发出仇恨的叫喊，这样一个人，不是已经"走出"

人类了吗？也许，相信上帝会让他避免成为一个无力忏悔的人，一头野兽。相信上帝，就是给予生命——既是自己的生命，也是他人的生命——以宝贵的品质，让它成为某种意志的产物，而非纯粹的偶然。人之所以信仰上帝，是为了保留自己的人性。

"上帝之眼"象征道德防线，但与此同时，对上帝的信仰一旦走向偏执，也会成为恶的化身，历史上多的是以信仰之名，行暴力之实的例子。"论证"上帝存在的方式更多是通过血腥的杀戮，而非什么公式定理：默罕默德和他的军队只花费了几十年功夫，就让伊斯兰教传遍中东，接受除安拉外，别无他神。在《圣经》的记述中，摩西杀掉三千拜金牛犊的人，是在执行耶和华的命令。希伯来人武力征服迦南，中间还伴随着数次大屠杀，用今天的话来说就是种族清洗，也声称那是上帝的允诺。这些例子都与信仰作为道德防线的理念背道而驰。

圣保罗那句名言"一切权力都来自上帝"[1]，一直都被专制政权拿来为自己辩解。更有甚者，比如美国的原教旨主义者，带着上帝的旗号为实施堕胎的医生寻找理由。同样在上帝的名义下，两架飞机瞄准世贸双子塔，完成了自杀式的恐怖袭击。人类不再需要信仰上帝来证明世界存在的合理……信仰上帝最终导致了

----

[1]　Saint Paul, *Épîtres aux Romains*（《罗马书》）.

滔天的罪行。① 当然，不是说所有的信仰都会走向狂热化，只是当信徒将信仰与现实联系起来时，有变得狂热的可能。

对神祷告的人，已经不再是原来那个他：在这之前，他生活在现实中，而此时此刻，他祈求神来眷顾，要的是脱离现实。从拥有信仰的那一刻起——这个信仰对他而言是不容置辩的，从他将信仰置于知识之上的那一刻起——知识是客观、可证实的，信仰则不可证，他与现实之间就隔开了一道鸿沟，让狂热主义与原教旨主义从此有机可乘。

接下来，我们要关注的就是信仰与现实的关系问题。

二、信仰可能让人错过现实

既然信神的人"看到"的不是现实，那么在现实中，他也很可能只看他想看到的东西，"选择性失明"。有些信徒将世界的美看作上帝存在的一种证明。② 眼前飞过一只五彩斑斓的蝴蝶，都会让他们疑惑，这么美的生命怎么可能只出自偶然？在他们看来，自然界堪称"奇妙"的搭配组合，更有可能是上帝神圣意志的体现。上

---

① 只看"不久前"发生的种种事件：作家萨尔曼·鲁西迪被判处死刑，鲁西迪的小说《撒旦诗篇》的日文版译者五十岚一遇刺身亡，荷兰电影导演提奥·梵高遇刺身亡……

② 对奥古斯丁来说，这仅仅是上帝的"痕迹"。参考本书第三问"美为什么吸引人？"的内容。

帝按照自己形象创造的人怎么会作恶呢？面对这个问题，信徒们的回答是这不能怪上帝，要怪人的自由。上帝全知全能全善，人间又为何出现奥斯维辛集中营和卢旺达大屠杀？信徒们说，这是因为上帝创造了自由的人。[①]现实中所有与美和爱有关的事物，都可以用来证明上帝的存在，而轮到恶，上帝就消失了。这很明显就是选择性地面对现实。

人一旦只看他想看的东西——所谓"幻觉"就是这么产生的，这种习惯就会一直持续下去，没有终结。他希望自己永远停留在错误的幻觉[②]当中。面对现实，他会倾向于刻意地贬低、抹杀。

比如，站在彼岸世界的角度否定此岸世界。在基督教的教义中，劳作之苦或分娩之痛，都是人类救赎自己的方式。彼岸的意义不在现实的美好中，而在人经历的苦难中。假如你认真阅读过《圣经·创世纪》，就会知道人类经历的苦难甚至根本与救赎无关。劳作之苦及分娩

①　汉斯·约纳斯在奥斯维辛之后，对信仰与苦难的悖论做了积极的回应。

②　弗洛伊德解释过"错误"（erreur）与"幻觉"（illusion）的根本区别：幻觉没有错误那么简单，它隐藏在人类的欲望当中，比错误要难纠正得多。弗洛伊德就宗教主题专门写过一本书，名字就叫《一个幻觉的未来》（*L'Avenir d'une illusion*，PUF，Quadrige）。宗教信仰一旦和现实达成任意关系，那么不论什么事物都可以在信仰中找到合理性的证明：信仰是一种主观诠释，不是客观能验证的真理。

之痛只是上帝对人类始祖犯下原罪的惩罚。至于这些苦难本身有什么意义，没有任何说明，但显然这一点更有高度，与人的关系更为密切，甚至可以说也具思想性。

犹太—基督教摒弃尘世的享乐。[①] 尼采认为，基督教宣扬的灵魂不朽，源于对生命、肉体的憎恨。一切生命体都遵循着出生、壮大、消亡的逻辑链。生命的本质就是终有一死。反观基督教的教义，它讲信耶稣得永生，你所活的短暂一生都是不真实的，更真实的生活是灵魂不朽，是永恒的彼岸世界，由此否定了有限的生命，把它变得毫无意义。

基督教告诉我们，更真实的生活在别处、彼岸[②]，人要做的就是等待灵魂审判，或上天堂或下地狱。当信奉上帝成为不容置辩的绝对真理，也就意味着两种危险的来临：一是狂热主义引发的群体暴力，二是宿命论导致的消极观望。不论哪一种，都对人的现实不利：狂热

---

① Nietzsche, *L'Antéchrist*(《反基督》), Folio essais.

② 我们也知道基督教对这一点提出的异议：上帝创造了现实世界，所以他才重要！然而，上帝道成肉身就有了耶稣，他在人间生活过，也在人间死去。上帝以肉身降临世间，这种宗教不应该是无视现世生活的宗教。至于世界是不是由上帝创造的，这一点见仁见智。基督或者说历史上存在的人物耶稣，来到人间的确是为了散播和平与爱的信息，但自圣保罗以后，基督教的主旨发生了改变，将现世生活的意义转移到了对彼岸世界的期待上(这也是尼采在《反基督》中阐述的观点，他用犀利的语言对基督教进行了批判。在这本书中，耶稣成为传播福音的嬉皮士，渴望权力的圣保罗则歪曲了耶稣的使命)。

分子为所欲为，宿命论者坐以待毙。

为方便理解，我们回想一下莱布尼茨是如何对恶存在的合理性做出论证的：站在"局部视角"，也就是人类自身这个视角看，战争杀戮的确令人恐惧、厌恶。但如果站在"全局视角"，也就是造物主的角度看，我们就能明白，现实世界已经是所有"可能世界"中最好的一个①。这一论证得出的结果就是，世间不再有"绝对的恶"。所谓的"失常"，只是就人类的理解力而言：站在上帝的视角俯瞰，一切存在皆有意义。然而今天，即便从上帝视角看，我们也很难说这个可能最好的世界竟然存在如此阴暗的奥斯维辛，辩称上帝容许它是为了衬托更大范围的善，把它理解为一个积极的历史事件。在奥斯维辛之后，无数信徒都放弃了自己的信仰。他们原本信仰上帝，相信是神创造了世界，但这种信仰却在试图将现实当中发生的一切合理化——用相对化的理由，逃避那些极端的、绝对的、无可争辩的恶。人必须首先丢掉对上帝的幻想，才能直面真实的恶，洞察人性的边界，从中得出必要的结论。

信仰是人性当中固有的东西，准确点说是人的固有弱点。任何动物都不可能如人这般，通过否定现实，建立某种虚幻的信仰。"建构理想"的背后，反映的是现

---

① 伏尔泰的小说《老实人》（*Candide*，ou *l'Optimisme*）就是对这种乐观主义的嘲讽。

实及其复杂多样所带给人的不安全感。曾几何时，欧洲人还在崇拜各路神灵，这些神有的善，有的恶，有的宽厚，有的暴戾，有的护佑人间，有的为害一方。人以自身形象塑造出众神的模样，他们就和普通人一样，坦然地接受生命呈现的各个姿态。犹太—基督教对现实却抱着仇视的态度，最明显的表现就是，不论面对如何复杂多样的现实，都只能拥有上帝这个绝对的、唯一的神。尼采认为，基督徒们创造出代表绝对善的上帝，就是对人类现实的绝佳讽刺。不用说，信仰这样一位至上神，肯定会让一个人错过真实的生活。

要找回现世生活的意义，有两个选择：一是不再信仰上帝，二是像重新定义世界那样，重新定义上帝。

重新定义上帝，正是斯宾诺莎的主张。上帝在这里成为自然的代名词，指作为整体的宇宙本身。人就在上帝的怀抱中，他的欢乐与思想都是上帝的显现。从这种角度看，人是绝无可能逃避现实世界的。掌握了主宰自然界的规律，也就等于迈入永恒，开启上帝视角。但这样一来，其实就已经跳出对上帝的信仰了，因为我们用到了理性，试图了解事物真正的因果关系，这就意味着必须放弃对上帝的信仰，才能进入斯宾诺莎定义的"极乐"①。

佛教徒也用世界定义神。佛教认为的神不是人格化的至上神，而是宇宙众生。通过禅修摒除杂念、脱离苦

---

① Spinoza, *L'Éthique*（《伦理学》），Folio, pp. 349-388.

海，觉悟到宇宙真相。它不是倡导遁世，而是要你把内心世界融入到大千世界里面。这已经与信仰无关了，人就在神当中，还有什么祈祷的必要呢？佛教的修行人不信造物主，也摆脱了基督教极为重视的个体性①，如此方能达到涅槃之境。用世界重新定义上帝②，相当于不再信仰上帝。

　　不再信仰上帝，就是单独面对眼前这个唯一存在的

---

　　① 一个自由的人，才能选择自己要不要犯罪，要不要相信上帝。

　　② 用"世界"或"社会"的概念重新定义上帝是社会学家的做法（例如杜尔凯姆，这其实不是重新定义上帝，只是从社会功能的角度理解上帝）。社会学家们不说"上帝"，而说"宗教性"（religieux，拉丁语 religare 有"连接"的意思，不过关于这个词源有一些争议），指在人与人之间建立联系——除了信仰之外，还包括礼仪、风俗、禁忌。他们发现，宗教信仰贯穿了社会生活所有重要的时刻（洗礼、婚礼、葬礼）："信奉上帝"是一个人融入社会的必要条件。社会学家过分强调了宗教信仰的社会功能，忽略了它对个体的意义，这里面也涉及个人选择：信仰不是一个人上教堂或融入社会的必要条件。说得更极端一点，信仰也不是人活在世上的必要条件，哪怕它对生活的影响无处不在，人的姓名、日常节庆还有"道德观念"里都有宗教的影子。认为宗教承担了社会纽带的作用，就等于承认"上帝"与让我们融入社会的信仰完完全全是两回事。认为宗教建立了社会联结，其实是缩小了它的能力范围，也是在质疑上帝的存在。同样地，弗洛伊德认为宗教禁忌对压抑人的本能发挥了重要作用，但我们也要知道，即便没有这些宗教禁忌，人也会因为别的原因压抑自己的本能，有没有它都不会影响人在社会中的成长。

世界。尼采说，我们可以爱世界，连同它的善与恶一起爱。马克思改称人可以改变世界。

尼采说，要对生命说"是"，肯定它而不去歪曲、抹杀它的本来面目，就要杀死对一切"背后世界"的信仰，首当其冲的就是对上帝的信仰①。"谋杀"的主要作用是为了转移生命的重心。假如我们执着地相信有一个彼岸世界存在，那么生命的重心必然会放在死后，而不是生前。一旦消灭了所有类似的信仰，生命的重心自然回归到现实。不再信仰上帝，是强调现世生活的一种方式。没了对彼岸生活的期待，现实当中的种种体验都将变得更有意义：上帝并不存在，死亡就只是宣告个体生命的终结。阳光轻洒在额头，带着微微的热度，除了眼下这一刻，除了你能感觉到的真实，再没有什么能抚慰一个人的心。更重要的是，不再信仰上帝，失去了上帝的爱，人更能感觉到身边人的爱。不再信仰上帝，就是重新认真地面对他者，把对方当成独特的个体去爱，不需要上帝之爱这层滤纸，也不用担心上帝的存在会稀释、加重或模糊我们对另外一个人的爱。

清楚地意识到上帝并不存在，你的快乐感也会随之

---

① 对应尼采提出的"偶像的黄昏"。人类信奉的偶像(上帝、善、真理等)都是空洞、虚构的，背后反映的是恐惧及幻觉。要摧毁一切偶像，重建人的理性，就要先从上帝下手：走向终点的世界历史或道德，都只是经过了乔装打扮的上帝。对尼采而言，黑格尔所说的世界历史的进程，只不过是上帝的另一个说法，康德则是用道德代替了上帝。

增强：浪荡子之所以快乐，就因为他觉得自己是从一去不复返的时光当中偷来了片刻的欢愉。他要相信永生的话，就没有人生白驹过、行乐须及时的滋味了，一切都失去了原有的意义。上帝的存在影响了瞬间、快乐、我们所爱之人的存在。"杀死上帝"，不再信仰上帝，就是还原上帝以外其他存在的分量。

尼采的论述更加细致，杀死上帝既是为了走出人受上帝支配的阴影，也是从真正意义上正视、肯定现实人生包含的全部内容，不单是当中美好的部分。他所定义的"超人"，具有强大的意志力和控制力，愿意无限次地重复过去与现在的生活，经历永恒轮回。[①] 永恒轮回要求他对生命中的瞬间有真正的热爱，希望一次次经历这个相同的瞬间。消除对神的信仰，才能肯定生命本身，重新找回人的意志，它是人内在最美好的部分，对尼采而言也是人最像神的地方。当下经历的这个时刻，真的是我想要的吗？哪怕重复多少次，我都愿意？如果答案是肯定的[②]，那么我就在自身之上发展出了一种神性，对生命当中的经历拥有不竭的强力意志，眼下我正在经历的这个时刻不由上帝说了算，他不能再像创造太阳、决定太阳存在的理由那样决定这一刻存在的价值。

───────────

①　这是德勒兹对尼采"超人"概念的解释（*Nietzsche*，PUF，1990，p. 41）中，当然，这个解释是有争议的。

②　不是说真正经历永恒，而是衡量我们到底对现实有几分肯定。

不是上帝决定了某样东西的价值，我才渴望它，而是我渴望某样东西，它才有了相应的价值。举个例子，在基督教的观念中，女人生孩子有其特定意义。换到没有上帝的背景下，女性生产是出于她自身强烈的意愿。要是知道这一过程交织着美好与痛苦，她还会不会做出这样的选择？哪怕再给一千次、一万次机会，也还是如此？如果答案为是，那么她就具备了孕育生命的强力意志，这个意志当中既有原始的动物性也有神性。她肯定了生命中的经历，才让它有了重量，具备了自身的意义。

完成"对上帝的谋杀"，意味着从今往后，人将先前赋予上帝的光环——全能、智慧、善良等，全部收归自己所有。[①] 十字架上的耶稣哭泣道："我的上帝，我的上帝，你为什么要抛弃我？"现在，轮到人抛弃上帝了。造物的功劳也好，自身的指望也好[②]，他要从上帝那里拿回这一切。放弃对神的信仰，人就成了神。

肯定现实的方式[③]变成通过暴力、革命改变现实。

---

① Feuerbach, *L'Essence du christianisme*（《基督教的实质》），Maspero, 1982.

② 科技的发展不是也让我们看到自身具备像上帝一样的能力吗？原本只有上帝能从亚当身上取下一根肋骨，创造出夏娃。今天，克隆技术也能做到这一切，连肋骨也不用，只要一个干细胞就够了……

③ 这种肯定，是幸福的肯定，不是宿命论因为无奈只好假装"乐天"的肯定。

马克思曾说:"宗教是人民的鸦片。"①倘若现实世界已足够公平,信徒们又怎会寄望于神的国,上天堂谋得一席之地?问题从形而上学转移到了现实政治,"世界从哪里来"不再重要,"如何改变它"才是关键。答案呼之欲出:人想改变世界,就要摆脱上帝,戒掉这个起初有利于人,后来惹出诸多麻烦的鸦片。"人越是将对现实的希望寄托在上帝身上,他就越脱离自身的现实。"

信仰上帝,可能对政治生活造成毁灭性的后果。②弗洛伊德反思过人类为什么会自觉遵从暴君或希特勒这

① 参见马克思的《黑格尔法哲学批判》:宗教宣扬彼岸世界,届时一切的不平等都将消除,它溶蚀人的革命意志,教人安于现状。消灭宗教信仰,就是拒绝接受社会的不平等,必须通过革命实践改造阶级社会(Marx, *Critique du droit politique hégélien*, Éditions sociales, 1975, p. 197)。

② 要理解这一点,必须借助精神分析学的理论。人是唯一一种极度依赖他人来满足自己欲望的动物。弗洛伊德把这种现象称为"婴儿的无助",无助感让人觉得自己"需要保护——在爱的羽翼下得到保护——而父亲恰恰扮演了保护者的角色"。弗洛伊德接着分析说:"当人意识到这种无助感将伴随他的一生,他命中注定永远做个孩子,那么他就会祈求父亲的保护,这个父亲拥有超强的力量。"——上帝就是父亲形象的投射。信仰上帝可以让我们内心深处那个软弱无助的婴儿感到安心,它其实是人类正常心理发展轨迹上出现的一种倒退,它会引发一系列后果,尤其体现在政治领域。参见弗洛伊德的《一个幻觉的未来》(Freud, *L'Avenir d'une illusion*, PUF, Quadrige, p. 43)。

样的领袖①，这种行为其实与宗教信仰没什么两样，人倒退回婴儿的无助状态，渴望寻找有力量的保护者。宗教为 20 世纪极权主义的滋生提供了土壤，无论这些极权本身是否信仰宗教。

上帝是人类的父亲，这种设定不仅会威胁现实政治，也不利于道德伦理。伦理关系最美好的状态就是，人与人面对彼此间的不同，可以做到相互尊重，哪怕这种不同会带来伤害和威胁。真正尊重一个人，就要从内心接纳他和你在肤色、社会地位、宗教信仰等方面的不同。当全部人都成为天父上帝的孩子，以兄弟姐妹相称时，代表他们在本质上的差异消失了。兄弟不是真正意义上的他者，你要从内心接纳他不用付出太多道德上的努力。只有当你不信上帝，对方那个人也不是你的兄弟姐妹时，才谈得上你尊重他。基督教宣扬的尊重，所谓"爱你的同伴"，原则上更像是朝着自己的同类敞开怀抱……放弃对上帝的信仰，才能真正与远朋相遇，在他人身上发现与我、与近邻不同的东西。

---

① 希特勒的头衔是"Fürher"，德语指"带领、引导……前进的人"（纳粹德国对国家元首的称呼，通常指希特勒。——译者加）。称呼墨索里尼的"杜切"（"Duce"，意大利语的"领袖"）在意大利语中也是同样的意思。后来，斯大林被称为"人民之父"，即便他是无神论者，反对教会，也不能改变这个名号与宗教信仰的联系。

一旦上帝连带他的命令全都消失，我就成了单独的个体，自行判断善恶，此时，道德行为才有了真正的意义：它基于我自身的主观意志，而非上帝的神圣戒律①。杀死信仰，找回绝对的自由，再来谈道德。当你能为某个行为负全部责任时，再来谈善。否则，只能说是孩子面对天父的逆反心理，为忤逆而忤逆……放弃信仰上帝②，就是走向独立，自己给自己生存的意义，自己给自己向善的理由。

矛盾之处在于，当人生出摆脱上帝这个新的"信仰"时，通常已经历了宗教思想的长期熏陶，受到犹太—基督教文化的深刻影响。以尼采为例，他出身于一

---

① 也不是基于上帝创世时作为模本的某种人类天性。

② 但无论出于哪种原因，放弃对上帝的信仰，都意味着重新巩固与现实的联系：爱这个真实存在的世界，想要改变世界，意识到自己对这个世界担负的责任……尼采认为，消除宗教信仰，人就走向了超人；马克思认为，消除宗教信仰，人就走向了革命；弗洛伊德认为，消除宗教信仰，人就走向了成熟。三种理论各有侧重，但都点出了宗教信仰与人类内在情感的深刻关联。乍一看，宗教信仰反映了人类最宝贵的自我意识，理应受到保护，但到了尼采、马克思和弗洛伊德这里，它却遭到批判，原因是它迎合了人类最原始的欲望：希望得到认可、恐惧未知、回到婴儿的无助。站在哲学史的角度，马克思、尼采及弗洛伊德往往被归类为"怀疑派"。他们所做的工作，都是抱着批判的、怀疑的态度来审视人类及过往先贤的理想、价值理念、信仰。今天，这项工作被称为"解构"。

个宗教家庭，父亲是牧师，尼采借查拉图斯特拉扮演了先知①，最终却创造了"反基督"的哲学。马克思的政治思想直接受黑格尔哲学的启发，而后者把世界历史看作上帝意志的展开与实现。摆脱上帝，似乎不那么容易……

强调放弃上帝有多必要、多迫切的理由兴许有几分动听，但抵不住一个简单的疑问：假如上帝存在呢？

"放弃信仰上帝"不能证明上帝不存在。长久以来，确切地说是从康德②开始，我们就处在一种尴尬当中：既不能证明上帝存在，也不能证明上帝不存在。正因为上帝不是科学研究的对象，信仰才有了存在的意义，散发出独特的美感：这是一场赌博，没有束缚，全凭自己。

三、相信上帝而不必确信上帝

动词"相信"（croire）当然有"信仰"的意思，内心确

---

① Nietzsche, *Ainsi parlait Zarathoustra*（《查拉图斯特拉如是说》），GF-Flammarion.

② 参见康德的《纯粹理性批判》。矛盾的是，尼采也说人无法证明上帝不存在。他说人类的错误就在于以为自己已经抓住了事物的绝对本质，抽象的语言让人类错把花哨的语法表达当成了真理（那个唯一的真理、唯一的人性……）。尼采的观点"上帝已死"表达的意思其实是人类对终极真理（它可以是上帝，也可以是"历史的终结"或"普遍法则"）的信仰本身是一种神话。尼采认为唯一的真理并不存在：有多少个体，就有多少种对真理的认识。所以，人不能证明上帝存在，也不能证明上帝不存在。通过摧毁西方传统的形而上学，尼采也摧毁了从哲学角度证明上帝不存在的一切可能。

信有某样东西存在。但到了日常语境下，它还有另外一层含义，就是"我认为，我以为"。这里面传达的是"大约、估摸着，倾向于相信但完全没把握"，思考中带着不确定："事情应该是这样的，虽然没有十足的把握，但我觉得就是如此。"一个人问另一个人："你觉得我们病重的母亲会很快好起来吗？"另一个人回答："是的，我相信。""我相信"体现的就是上面所讲的内容：我们有理由相信某件事情会发生，它也是我们内心的希望，但不代表这件事一定发生，它的真实性不一定能得到证明。人为什么不能从这个层面来信仰上帝呢？

接受对上帝存在的质疑，希望他存在的同时提醒自己这只是希望，如此一来，我们既能满足精神诉求、憧憬未来、不断超越现实，又不会受绝对信仰的勒索，试图用宗教来支撑脆弱的心灵世界（恐惧生活、退回婴儿状态、拒绝接受现实等）。

绝对信仰与无神论两个非此即彼的对立之间，打开了一道缝隙，那是我们从一开始就在寻找的真正人性化的答案。

我们总在完全信神或完全不信神这两个选择中打转，想当然地认为不管选哪一个，都能从根本上改变生活，包括人对美、阳光、爱的感知，与世界及他者的关系，还有政治生活。可能就是因为这种从一个极端跑向另一个极端的思维，才让要不要信仰上帝的问题变得无解。

对信仰的狂热也好，对理性的狂热也好，总之，我们反对一切形式的狂热主义，要给信仰当中留出质疑的空间。这是一种对人神关系的新思考：人可不可以与上帝保持一种若即若离的关系，既不完全相信上帝，又不完全放弃上帝。正因为在"一定要信仰上帝"和"绝不要信仰上帝"之间，我们无法做出非此即彼的选择，才有了这个新的思考。

宗教裁判所命令我们："一定要信仰上帝。"几百年过去了，大法官们的行径还在为无神论的巩固添砖加瓦。

斯大林主义命令我们："绝不要信仰上帝。"斯大林主义垮台后，大规模的造神运动屡见不鲜，愈演愈烈。① 对上帝完全相信或完全不信，其实反映了同样的观念：信仰容不得动摇、怀疑，它会左右一个人生命的全部。② 面对信仰，不是支持就是摧毁，为什么只能走极端呢？暴力的、不人道的行径都源于这样一种认识：信或不信上帝，可以定义一个人的全部。

----

① 斯大林说过一句很有名的话："梵蒂冈有几个师？"对教皇空有精神力量，没有武装力量表示不屑。然而今天，苏联已经解体，其中也有教皇约翰·保罗二世的作用，梵蒂冈却依然存在。

② 宗教裁判所认为，挑战教会权威的异端分子已经被无神论定义了，抱定了上帝不存在的想法，所以这类人没有什么好拯救的；斯大林主义则是要彻底清除宗教，从灵魂深处改造一个人……

一个事实是，生命的部分维度与信仰没有关系。不管信不信上帝，阳光都会照在你的身上。这是人与上帝保持若即若离的第一种方式。你可以相信上帝，但不要让他影响到你全部的生命、情感与现实。戴高乐与狂热分子面对信仰的区别也在这里：戴高乐信仰上帝只是他私下的个人行为，即便这一信仰对他后来的政治生涯产生了影响，那也是间接的、隐性的。

用精练的话来说，与上帝保持"若即若离"，就是心中有上帝这个观念，但不会尽信他。把上帝当作绝对真理可能导致最坏的结果：丧失批判精神、盲目迷信崇拜、陷入宿命论或狂热主义。与上帝"若即若离"，将他的存在仅仅看作一种可能，不仅可以确保我们远离狂热主义，也能提供不亚于"绝对信仰"的憧憬与慰藉。

如果信仰本身包含着怀疑，那么对未来就有了无限的憧憬，生命中的每一分每一秒都像有上帝存在。

保有上帝的观念，认为他只寄托了一种希望，我就不会对生存产生那么多焦虑，无法忍受现实当中的不如意。透过眼前这道敞开的门，我看到的仅仅是一种可能，但它已经能让我的心灵得到平静。自始至终，我都对上帝存在怀疑，所以不指望救世主，不听天由命，也不对信仰抱着完全无所谓、漠不关心的态度。也因为对上帝的这种怀疑，我不会诉诸暴力。允许自己内心有怀疑，也允许他人提出怀疑，就不会冒出强迫他人接受自己观念的想法。心中有上帝的观念，同时接受对上帝的怀疑，这就是人与上帝若即若离的关系。

为方便理解，我们将生命比作一次远航，航行的终点可能是一方乐土，怎样做才算享受了这趟远航呢？

倘若你百分百地相信，这方乐土是人能想象出的最理想的地方，远行的唯一目的就是抵达这个终点，那么，航行的过程本身就不再有意义。沿途间或穿插一些愉悦的体验、美好的经历，但与你对目的地的期望值相比，全都黯然失色。一路上，你还会遭遇群体性的癫狂、妄想与暴虐：所有人争先恐后、你争我夺，都想第一个抵达，哪怕最后见到的只是一座普通的岛屿，也要强迫其他人承认这就是传说中的应许之地。这艘船上的人，对上帝抱有绝对的信仰。

倘若你百分百地相信，并没有这样一块土地，此次远航没有目的地，唯一能做的就是迎着风浪，要么永远走下去，要么中途遇险夭折，那么你会尤其强烈地感受到一种荒谬和绝望（只有极少数"超人"能驾驭、享受这种命运）。这是无神论者的处境。

又或者你是个怀疑一切的人，对于这块土地到底存不存在、前方有没有什么期待，都不能肯定，那么一路上你都会充满焦虑。你陷入了不可知论。

再设想最后一种状况，你将这方乐土仅仅看作一种"可能"，既不确定它的存在，又不能保证一定抵达，这时反而会得到最大程度的享受：望向前方，那里有你追求的目标和理想，它是朦朦胧胧的，好像有又好像没有，所以你会把更多的心思放在脚下这艘船上，努力创造出幸福的生活。阳光下眯起眼睛，我们仿佛真的看到了梦想中神奇的土地，此时，我们是上帝的信徒；冷静下来，拿起手中的望远镜望向岸边，又发现所经之处都与那个唯一的目的地有所区别，此时，我们又成了科学家。这么说吧，正是因为前方的希望，才让我们有了举起望远镜的渴望。与上帝若即若离，是人在这艘船上的状态。

与上帝保持若即若离的关系，会对人的存在产生极为积极的影响。上帝及永生的观念为我们提供了一种憧憬，想象一个人有自我完善的可能，可以通过不断的尝试让自己变得更好。反过来，假如给生命加上期限，死亡将终结不断自我超越的可能，那么，人的生存的动力又在哪里呢？

应该这样说，上帝的观念有它好的地方，既有益于人的"斗志"，也有益于伦理道德。我们再次强调，这里说的不是死心塌地的信仰，而是一种观念①，可以称为未经证实的信仰，经得起怀疑。

戴高乐与圣战分子面对不确定性的态度，决定了他们在信仰上帝这个问题上的区别：不确定性是狂热分子

---

① 康德把上帝称作"理性的理念"，属于先验存在，无从论证，但却能对人与现实的关系产生有益的影响。"理性理念"完全对应信仰的定义。康德区分出三种"理性理念"，分别是灵魂（主观世界）、宇宙（客观世界）、上帝（主客观的统一体）。

万万不能接受的，他们要的是对上帝绝对忠诚、绝对信赖，不能容忍任何质疑上帝的声音。相反，像戴高乐、皮埃尔修士或特蕾莎修女这样的信徒却能接受对上帝的质疑。[1]

看看那些自杀式袭击者、圣战分子劫持飞机撞向世贸中心大楼，想着用这样的方法就能登上有 72 处女的天堂。他们往往宣称得到真主的启示，毫无保留地臣服于信仰的脚下，对真主和他自己的行为没有丝毫怀疑。自杀式袭击者，真的相信真主存在吗？相信自己将去往安拉的国度，由众多处女环伺？还是也有相反的可能，他其实也对此抱有怀疑，干脆利用自杀式袭击扼杀掉心中的疑虑，用实际行动向全世界也向自己证明：我的信仰不可动摇？这不就解释了他从想法到行动的内在逻辑吗？自杀式的袭击者，并不是得到真主启示的人，只是无法承受怀疑的人，他要不计一切代价打消疑虑。

这一切导致了以上帝名义屠戮人间的悲剧，狂热激进、缺乏容忍、宗教审判……既是说服自己，也是在强迫他人接受自己的信仰。实施暴力的人，不能容忍自己身上有任何值得怀疑的东西，他要通过暴力的方式来证明自己一点问题也没有。强迫他人也要信上帝，认同自己的信仰，其实是为了说服自己。他既不能忍受来自别

---

① 他们坦承在面对不公或苦难时，都对上帝有过怀疑。

人的怀疑，也不能忍受自己心中有怀疑，怕自己会不由自主听从别人的怀疑。

狂热分子做出暴力行为，就像是一个人拒绝公平的辩论，非要骂街。自杀式袭击者接受不了上帝不存在的可能，所以用恐怖行动表示愤怒。"局外人"辱骂神父则是接受不了上帝存在的可能。这两种态度中都缺乏一样东西：对人性的真正关怀。

古老的迷信当中也缺少这种对人性的关怀，只觉得上帝无所不在。暴风骤雨是上帝在发怒；阳光中藏着上帝威严的目光；树叶沙沙作响，那是上帝在喘气。当人在自然面前感到无助绝望时，就会无视自然原本的规律，陷入一种"迷信的妄想"[1]。我们献身于上帝，天真地以为借助自己所做的一切就能让上帝喜悦，证明事奉他的意愿，而这种信仰其实是由于畏惧所迫。与上帝保持若即若离，就能避开一个更加现实的危险：群体性的倒退。这种人神关系必然是个体的、主观的：只有我自己清楚我对上帝的怀疑到了哪个程度。我对世界的创造者本身存不存在都有怀疑，所以我没有任何理由接受要求我奉献一切的训导戒律。简单说来，我没有任何理由参拜这座"信仰的神庙"，让我的个性屈从于群体规则。信仰导致孩童般的敬畏、群体性的倒退，只有怀疑，能

---

[1] 参见康德，《纯然理性界限内的宗教》(*La Religion dans les limites de la simple raison*)，第 4 篇，第 2 章，§ I，II，III。

让我们规避这样的风险。①

　　我们全部的人性，就体现在能不能承受不确定性、

---

　　①　我们还有最后一个疑问：与上帝维持若即若离的关系，不也是在重新定义对上帝的信仰吗？让信仰与现实甚至是与"哲学色彩如此浓厚的"怀疑共存？更坏的一种可能是，当我们在重新定义上帝时，是不是把他变得简单、模糊了，仅仅成了一个有用的理念？单就定义而言，信仰上帝，不就是对上帝没有怀疑，彻底臣服于这种信仰下吗？必须承认，我们拒绝证明他存在或不存在的这个上帝，其实更接近《圣经》所说的上帝，而不是笛卡儿与莱布尼茨试图通过推导来证明的那个上帝。《圣经》的上帝只在等待与希望中。我们从未见过这个上帝，只能通过不断的论说来推测他的存在，解释期待他的理由。《圣经》诸多篇章都讲到希望，然而只有怀疑才能带来希望。关于上帝的话题从来没有断过，就说明人对上帝始终存在怀疑。也就在这个不断讨论的过程中，人的能力得到了提升，锻炼了思维，理解了博爱……其实，我们没有重新定义上帝。他不是形而上学中那个先验性的上帝，也不是公式推导出的上帝，而是"先前的"上帝、《圣经》中的上帝，只在圣书中出现，留待后人去评注、研究、诠释。之所以有诠释，也是因为怀疑。《新约》中有一个能为我们指点迷津的表达："信仰是出于聆听。"（Fides ex auditu）这就是说，"聆听过"上帝的话语，就可以相信上帝了，哪怕从没见到过他。接受"只闻其声，未见其身"，不就是在定义一种符合人性的态度吗？人类不就是这样往前走的吗？我们身处正中央——有可能它才是那个最高的位置——在两块礁石之间：一块是坚决相信上帝，哪怕见所未见（绝对信仰）；另一块是从未见过上帝，所以坚决拒绝上帝（无神论）。我们都从哪里聆听过上帝的话语呢？通过与我们交心的人，通过我们的友人，通过教堂的神父，还有濒临死亡的亲人……没有见过上帝，也可以相信上帝，在这种信仰中看到他，看到我们如何带着内心深处对他的信仰生活下去。

有没有留出容纳上帝观念的空间这两点上。至于人与上帝之间的若即若离，可以总结为：人不确定上帝存不存在，正是这种不确定才成就了人自身的伟大，让他具备了真正的道德，成为世界的创造者。我相信上帝存在，尽管不能确定，在这种不确定中，我为自己构建了人应当达到的生命高度。这就是不确定性带来的好处。用这种模式理解上帝，既不会陷入消极的观望，也不会激发过度的狂热。上帝的存在尽管不能被证明，却承载着一种"可能"，会让我与外部世界的关系向着积极的方向发展。

*   *   *

不是说非要相信上帝，但如果我们敢于承受不确定性，在心怀希望的同时不被希望反噬，相信上帝就不是一件坏事。

与加缪的"局外人"相反，我们认为接受上帝、听别人谈论上帝的好处很多。上帝的概念中包含了绝对性、前进的希望，一种能让人变得更好、活得更好的"可能"。我们主动放弃了上帝，这个选择可能是错的，更大的错是推断上帝是不是真的存在。

相信上帝的唯一方式，就是怀疑上帝。

第六问

民主是最好的政治制度吗?

只要在剧场中听过一次人群的鼓掌，
就能知道大家对民主的反应。

——马克斯·弗里施

对参与过民主诞生的人来说，民主不仅仅是一种新型的政治体制，代表主权（cratos）在民（demos），也像是一颗万应灵丹。圣·约斯特（Saint-Just）在法国大革命风起云涌之时说过这样一句话："幸福成为欧洲的一个新观念。"①这个作为新观念的幸福，指大家伙的幸福，也就是与全体人有关的公共事务。法国革命者在民主中找到了通往幸福的钥匙，苏联人在民主中发现了促进政治自由与经济繁荣的可能，古希腊人认为民主是成为真正的人的唯一途径。民主不仅仅是一项政治体制，它还代表了一种新的社会结构、生活方式与人本主义。

与此同时，历史经验也一再表明，民主除了为公众带来福祉，还可能导致其他结果。法西斯政权和纳粹主义的建立，就与民主有一定关系。政府信用破产，希特勒掌权，都不是其中的主要原因，资产阶级或资本持有者对民主的恐惧才是问题的根源。早在民主发端之际，柏拉图就清醒地意识到，民主政治当中隐藏着危险性，随时可以走向反面，演变成僭主政治。

然而，民主政治不走向僭主政治，就不会为公众带来"福祉"。

许多民主国家想方设法，与威胁公共安全、导致长

---

① Saint-Just, *Sur le mode d'exécution du décret contre les ennemis de la Révolution*, discours prononcé devant la Convention le 3 mars 1794（圣·约斯特于 1794 年 3 月 3 日在国民公会发表的演说：《论反对大革命敌人的政令执行模式》）.

期失业及社会不稳定的因素作斗争。

如何评价一种政治体制？是看它对社会产生的影响、对经济的促进、对个体提出的要求？还是看它的治理效能、选择了什么样的领导人？又或者，仅仅看它的政治原则有没有体现公平？

民主赋予人民"主权"，让他们参与政治决策，是历史发展走向成熟的标志：人类社会从君主专制、父权主义当中解放出来，进入成人阶段，人民现在要当家作主，自己决定自己的未来。没有平等与论辩，就没有所谓的政治自由：所有人聚在一起，商量出对大家都好的方案，共同做决断，每个人都有机会发声。真理只能来自我们自身，而不再属于某个更高的存在，比如上帝，或源于某项传统，掌握在少数知识精英的手中。人民成长为政治意义上的成年人。从这个角度看，民主似乎是最好的政治体制。

假设民主能代表政治体制发展的成年期，它真能帮助其中的个体"长大成人"吗？即便如此，就能说民主是最好的政治体制？

2002年，法国总统大选首轮竞选，由于选票过于分散，投抗议票的人过多，导致极右翼候选人让-玛丽·勒庞意外出线，进入第二轮选举。随后，大批民众走上街头，爆发抗议。刚投完抗议票没几天，我们又想以抗议推翻自己的抗议。这是成年人的行为？民主实践的现实符合它的理论预设吗？

将民主定义为人民当家作主，太过理想化了，至少理论的成分过重。民主的首要标志在于组织候选人进行公开竞选①，我们需要判断的是：

这种形式的竞争到底能不能选拔出最优秀的领导人？

它又能不能保证所有的决议都是正确的？

假如民主的理想与现实差距过大，何不选择另一种承诺不多，但说到做到的体制？

一、民主是理想中最好的政治制度，因为它是唯一的成人政治

成年人与孩子的区别在于，成年人不会随随便便信任他人，有能力做出明智的判断，对自己的行为负全部责任，犯了错就认罚。将这里的"成年人"换成"公民"，或者是"投出选票那一刻的公民"，我们就能理解为什么当民主要求公民做一个成年人时，就可以说它是最好的政治体制。明智的公民共同做出的决策，既对社会全员负责，又对子孙后代负责，犯了错就接受相应的惩罚，这样的体制完全有可能成为最好的体制。

民主已经不能再被简单地定义为"人民当家作主"。除非议会代表们由民众"强制委任"，必须严格遵从其

---

① 雷蒙·阿隆（Raymond Aron，1905—1983）尤其主张从"现实主义"的角度思考民主。

命令，履行说出口的承诺，否则就不是真正意义上的人民当家作主。现实中既然存在"不得人心的政策"，就说明人民实际并没有当家作主。当然，仅凭这一点并不能证明民主就是坏政治，甚至恰恰相反。

之所以说民主是最好的政治体制，原因在于它对所有公民（既包括选举人，也包括被选举人）提出了最高的标准，要求每个人做到最好。

政治决策牵涉经济、地缘政治、社会等各个因素，与"过分强制的"委任天然存在冲突。政治博弈，需要看准时机，果断出手，不可能事事遵照具体的承诺来。议会讨论立法也一样，对方如何质询，如何反驳，都是你预料不到的。审查新的法律提案时，也要再三斟酌这些提案是不是符合现实的状况。代表们投票时，民众不可能亲临现场，握住他们的手，左右他们的决定。这也代表了一种理想的状况：至少在下一届选举开始前，我们都会把信任给予在座各位代表。其他任何一种制度都不会让民众自由地选择信任谁，民众很难知道自己的权力究竟去了哪里，并没有"掌权"。政治决策与强制委任的冲突，并不能说明民主开了空头支票。除了"人民当家作主"这个词源上的解释之外，它还可以从其他方面来定义。尽管民众没有掌握统治权，但他们却有权对自己交付信任、掌握统治权的对象进行监督和惩罚。上台执政的人，必须心系人民，重视舆论。还有比这更理想的状态吗？

要明确国家未来前进的方向，考虑这样那样的方案要不要执行，是不是符合共同利益，都必须运用理性，展开思辨①，依靠人身上才具备的难能可贵的判断力。在就共同利益进行磋商的过程中，每个人不仅锻炼了理性，也增进了与其他人的团结友爱。评价民主的好坏，不能单纯依据方针政策的实际执行情况，还要看它如何激发、弘扬了人性的光辉。

中世纪的领主把附庸当成没长大的孩子，专制统治让臣民畏君又谄君，贵族政治只看重精英，不同的制度下孕育出不同的人。民主要求一个人尽可能全面地发展他作为人的各种能力，要有主观意志，敢做决定，具备判断力。其他任何制度都不会提出这样的要求。

当人达到民主要求的高度时，从管理层面来讲，它就成为了最好的政治体制。

柏拉图认为，民主就是无知的暴民统治。由民众决定公共事务是危险的，因为他们激情有余，理性不足，很容易背离公民意识。现代民主制度下，民众不需要有管理国家的能力，他们要做的就是选择、投票、判断。

只有民众按照民主的要求做到最好时，它才有了良性运转所需要的土壤。从这个意义上说，给对手发表意

---

① 希腊人尤其重视"言语的理性"，理性反映在言说、集体磋商的过程中。"逻各斯"（logos）这个词在希腊语中同时包含了"理性"与"言说"两个意思。

见的权利，也应当是民主奉行的规则。攻击民主缺陷，惯用的一个理由是它允许一些极端主义、种族主义、排外主义发声。倡导言论自由的制度，一旦对极端主义敞开缝隙，让它也有凭借这种自由壮大为主流的机会，就可能引火烧身，自取灭亡。相反，一味限制言论自由，说明不自信，封锁对手的同时也否定了自己。摆在民主面前的是一个困境：要么完全放开言论自由，做唯一一个不与敌人对抗的制度，任凭这个无限制的自由被人反复诟病；要么与敌人对抗，剥夺对方的言论自由，打破自己定下的原则，但这样做的后果反而会壮大敌人的力量。民主要求我们有足够的胸怀和包容，允许对手站上辩论台，因为它的预设是我们有能力还击对手的质疑。让对手自由发表意见，无论如何都不能说是放弃抵抗，举手投降。打败对手最好的方式是竭尽所能，让他与你站上同一个平台。禁止对方发声，只会助长他的势力，为他罩上政治流亡者的光环，让同样因为各种原因不满现实的人对他产生同情和支持。勒庞的胜利，一部分原因就在这里，她巧妙利用被媒体封杀这样一个人设，团结到同样感觉自己被精英阶层抛弃的人群，从中赢得了广泛的好感。在辩论中打赢这样的对手并不容易，所以还是那句话，民主之外，没有任何一种制度会对我们提出这么高的要求。它需要我们为它而战。民主始终受到来自对手的威胁，这一点不能说明它的脆弱，反而证明了它的强大，正因为它时时受到威胁，才给了我们捍卫它的决心。

　　矛盾的是，民主对辩论的重视与依赖往往也被误读为它的缺陷之一。随着所有立场的公开，人与人的分歧矛盾暴露在光天化日之下，淹没了整个社会团结互助的凝聚力。民主社会受辩论的启迪，不可能再由某个个人说了算，一家独大。君权神授的时代，国王的统治代表上帝的意志，权力集中在他一个人身上，王权与神权合二为一。路易十四总结得漂亮："朕即国家。"在封建君主制中，权力被分散到不同等级，领主有领主的权力，附庸有附庸的权力，但所有人手中都握有不变的真理，它来自传统，来自无可争议的社会等级。这些制度当中都有固定不变的东西。等到民主阶段，一切都是不确定的。权力合法性的来源既非上帝也非传统，而仅仅是候选人进行辩论，选民们在规定时间内做出选择，用选票的结果来决定，还随时可能推翻。法律可以修改，重新投票决定要或不要。反对党一旦上台，就可以解散刚刚建立的政府。我们可能会对这样一种制度产生厌倦反感，它不具备任何强制性，没有什么是确信无疑的，与真理多少有点相似。不可否认的是，它也有一定风险。民主社会中的人会盼望某个强权的出现，有能力带领全体人走向团结统一。1933 年，希特勒当选新一任德国总理，其中就有这样的原因。当时的德国民众，已经被议会争吵、分歧的拉锯战搞到忍无可忍，永远看不到真理诞生的希望。人有服从权威的天性，甘愿被奴役①，民主的演进导致这种天性被压抑。在不断激起内部分歧的同时，民主又再次唤醒了这种天性。我们可能会认为民主太脆弱了，于是渴望强权回归，重复专制的老路。

事实上，只要我们达到了民主要求的高度，不受强权政治的蛊惑，那么它所呈现的弱点只会让我们变得更强。分歧也许很难接受，但这是民主的必然要求：构成民主的内部元素是复杂多样的，必须接受、包容这种多样。它也是对一个人能力的塑造，要尽量朝着理想的方向努力：接受和自己不一样的东西，凡事与别人商量着来，承认现实，即这个世界上永远没有一成不变、毋庸置疑的真理。一群追逐权力的人参与竞选，既凸显了民主的活力，也体现了它的不稳定性。世界从此成为后现代的舞台：没有确定无疑的真理，也没有必须遵循的规矩。民主代表着"固定坐标的消失"②。它是与我们这个时代相适应的政治体制。孩童才需要威权来安抚自己不知所措的焦虑。成年人有能力承受真理缺失的现实，他也理所应当扛住压力，不服从权威。这就是把民主称为成人政治的理由。或许，它是管理模式中最不坏的一

---

① La Boétie, *Discours sur la servitude volontaire*（《论自愿为奴》），Payot, 1976.

② 这里借用了科罗德·勒福特在《创造民主：极权统治的局限》一书中使用的一个表达（Claude Lefort, *L'Invention démocratique: les limites de la domination totalitaire*, Fayard, 1981）。

种，因为它不依赖于任何真理或超验性：行动，也只有行动才能证明一种政治的优劣。

批判民主，或许是在承认我们不想付出太多的努力，只想做乖乖听从父亲命令的小孩——民主的要求太过分了。

为了成为最好的体制，民主要求我们做最好的公民。[①] 问题是，我们有能力做最好的公民吗？

二、现实中的人达不到民主要求的高度

投票这个行为表达的是什么？起草"宣言"，宣告的又是什么？一个明智、理性的立场？一种不满或其他个人化的情绪？还是人类群居状态下的本能反应？选择发声，到底出于对共同利益的关心，还是自私包裹了一层外衣？要给出明确的答案，没那么容易。一方面，主观意识这个东西不可捉摸；另一方面，这些可能性之间的边界是模糊的：发泄不满的方式可能是理性的，愤怒和呐喊不见得都为私利，也可能出于对共同利益的关心……但有这样的质疑本身是好的。既然拥有了表达意见的权利，为什么不能同时释放最基本的情绪呢？不能

---

① 孟德斯鸠在其著作《论法的精神》中，曾试图对围绕不同政治制度确立的价值观念进行探讨，得出的结论是君主政治注重荣誉观念，僭主政治让人活在畏惧中，民主政治注重培养美德，也就是说倡导人摆脱天生的自私，为集体利益让路。民主给予我们的政治话语权，其实是指我们有权利甚至有义务为共同利益发声。我们平时是这么理解它的吗？

这么做的理由是什么？柏拉图之所以批判民主，正是因为它会迅速陷入"情绪化"的漩涡：民众习惯了服从，突然之间与服从的对象站到平等的位置上，很容易变得歇斯底里，将愤怒发泄到旧的精英阶层身上。后者一旦反抗，就可能引发群体暴力，民主倒退回专制。dêmokratia这个词最初被雅典贵族拿来使用，指穷人——确切说是无产者（dêmos）掌权后，在报复欲的驱使下滥用权力（kratos）。此外，还有一种理论试图从社会与经济的角度对民主的历史进行解读，[1] 认为它与共同利益毫无瓜葛，只是无产者为争取平等而选择斗争的必然阶段，免不了有愤怒、暴力这样的因素。

民主在接受严厉的审视。事实上，法国绝大部分知识分子及社会评论家对民众表达的解读，都与柏拉图如出一辙。回想 2005 年，法国在全民公投中以压倒性的投票率否决了《欧盟宪法条约》。从这个例子就能看出，民众没有站在理性的立场看待欧洲未来往何处去的问题，只是在发泄对政治精英的不满。他们不明白其中的利害关系，任由一时的冲动蒙蔽双眼：痛恨"政治阶层"，无来由地恐惧"波兰消防员"，执意让若干社会福利出现倒退……这种解读可能带有偏见——民众否决《欧盟宪法条约》，当中也有反对欧洲过分自由化的原

---

① Gaetano Mosca, *Elementi di scienza politica*（《政治学原理》）, Fratelli Bocca, 1896.

因，希望更多地保留国家的概念——但它至少让我们正视了一个问题：一边是民主政治的正当表达，一边是个体自身的害怕与抗拒，我们是不是总在将二者混为一谈？就凭法国人走上街头游行示威的频繁程度，还看不出我们对政治行为的认识有多草率，多不成熟吗？最近一次民主意识的爆发，算是向勒庞投反对票了。然而即便民主党敦促国民做出明智的投票选择，这个不惜以抗议方式表现出的否决，恐怕也称不上真正的否决。事实上，如果我们没有在首轮选举中滥用抗议票说"不"，勒庞根本不可能拿到第二轮选举的入场券。2002年的法国总统大选，明白地揭示出民主的两大弱点：首先，勒庞成功进入第二轮竞选，代表民主走向自己的反面；其次，在首轮选举中嚷嚷着抗议的人，并不是站在一个理性的立场发声，只是在发泄盲目的冲动。说得更直白一点，民主给予我们罢工、游行、公投、选举投票等诸多权利，但反过来，我们是不是兑现了对民主的承诺，成为它所需要的全面发展、冷静理性的公民呢？

以上这段话针对的不只是个体，还包括政党。任何政党，只要处在反对党的位置上，都会鼓动民众反对执政党，向他们灌输当前的政策如何如何糟糕，煽动不满，方便权力易手。这是民主制度下，围绕权力展开竞争必然导致的局面。我们还没完全留意到一个尴尬的事实：唯有民主政治，才会邀请被统治者反对统治者。专制制度绝不允许这种情况出现。不过，反对党利用民众的不满情绪为自己夺权铺路，迎合的往往是某个阶层、某类人群的特殊利益，而非全社会的共同利益。民主于是又成为唯一一个为不满与反对寻找表达渠道的政治体制。

卢梭在定义公民概念时，提到了个人利益与共同利益的关系问题。在投出选票那一刻，唯有将共同利益置于个体利益之上考量，才能说一个人具备了公民意识。

民主提供给民众诸多表达意见的机会：市政府换届选举、议会选举、总统选举、全民公投等。然而今天，我们发现各类选举活动当中出现了很高比例的弃权票。与此同时，政治之外的"表达"变得越来越广泛。作为个体的公民越来越多地通过各类媒体，在电视节目、街头采访及博客上发表意见。民主如今的首要含义似乎指一种自我表达的权利，有权"给出自己的意见"。我们姑且称之为"民主化的意识形态"：它原本是就政治而言，表现为人民当家作主、共同投票表决，现在则变成所有人都享有的一项权利，大家可以平等地"表达想法"、提出诉求、"表现自我"①。令人担忧的是，"民主化的意识形态"大放异彩之时，恰逢真正的民主走向低迷。当今的时代是经济、政治实现全球化的时代，大大

---

① 这里有必要指出一个重要的问题，今天的时代是一个大多数人对政治漠不关心的时代，下文提到的《这是我的选择》这类节目大行其道，号称邀请大家上电视发表看法，说出"自己的选择"，但里面的选择无关政治，只是聊一聊家常、最近流行的发型、与性有关的话题等。

缩减了一国施展政治手段的空间。非政治化的表达暂时掩盖了政治表达的空白。

无论如何，将"政治话语权"与单纯的"话语权"相混淆都是一件危险的事情。经常有类节目，冠以"民主论坛"的名号，邀请民众上电视发表个人意见。作为《这是我的选择》节目的主持人，艾弗琳·托马斯获选法国多座城市新一任的玛丽安娜[①]，这是大家都知道的新闻。对民主投票的正确理解是："在涉及全体人共同利益的问题上，我做出了这样的选择。"民主化的意识形态却可能引导人走向另一个方向，在说出"这是我的选择"时，即使切换到政治领域，它的意义也变成了："我的投票代表个人选择，我愿承担这一选择，将它看作体现自我的权利，与共同利益毫无关系。"

在政治表达权与单纯的表达权的混淆中，还包含另一重混淆。从最简单的问题开始：我们当中有多少人投票时心里装着全社会的共同利益？多少人行使投票权只为捍卫自身或自己所在小团体的利益？如果仅仅出于私心做出有利于自己的选择，那么民主政治还能成立吗？

这就是真正的问题所在。假设每个人都是基于个人利益投的票，那么最终胜出的选择并不能代表共同利益，而恰恰是重叠次数最多的个人利益。数量占据了优

---

① 玛丽安娜：Marianne，法兰西共和国的象征，"自由平等博爱"精神的代言人。——译注

势，投票的结果只能反映支持人数的多寡，不能代表意见本身的好坏。多数人认同的观点不见得就是对的观点。这里面隐含着一种霸道的专制，多对少的专制。民主变得和其他制度没什么两样，成为纯粹的角力。不是一个人的专制，而是多数人的专制。罗马人对"dêmokratia"[①]这个词有另一番解释，它的衍生词"dêmokrator"不再指"民众掌握权力"，而是"向民众施加权力"，有时甚至是独裁者的同义词！民主可能形成大多数人向民众施加权力的暴民政治。

这还不是全部的情形，在普选制民主中，少数派的政治团体可以诱导选民投给多数党推举出来的候选人，或者"白白浪费"选票，不投给任何一位候选人。如果选举中出现大规模的暗箱操作，空白票的比例过高，最终选出的政府就不能代表多数公民的声音。民主连多数人的专制都算不上。当普选遭遇大范围的弃权，民主最终就演变成了少数几个人的专权，选举的结果没有任何代表性。

不论民主成为多数人的专制（暴民政治）还是少数人的专权（寡头政治），只要公民真正关心全社会的共同利益，那么所有的偏离其实都能避免。

民主向往的美好愿景，就是通过辩论使个人能力获得全方位的发展；当然，在投票时，即便我们试着去想

---

① Luciano Canfora, *La Démocratie*, *histoire d'une idéologie* (《民主：一种意识形态的历史》)，Seuil，2006，p. 19.

象什么是共同利益，思考哪些是利于全社会的好事，还是有犯错的可能。但犯错之外，更大的可能是，大多数人就什么是利国利民的举措达成了统一意见，能想到一块儿去，说明这个举措有其道理在。没有这样一种积极的态度，没有身为公民的责任担当，民众的能力就不可能得到任何锻炼，这种前提下投出的选票质量也高不到哪儿去。政治决策也好，选择领导人也好，民主都成为一种糟糕的模式。

民主的弱点，其实也是人的弱点，就在于不把政治话语权理解为一种关注共同利益的责任义务。民主政治向全社会散播平等的价值理念，不论贫富，不论出身，都享有同样的选举权。这个平等指政治生活上的平等，与大家总在抱怨的生活水平差距、社会福利不均是两回事。我们不自觉混淆了政治生活的平等和社会生活的平等。18世纪，从美国游历归来的托克维尔①在阐述民主在美国的起源时，称民主国家的人民追求平等的激情甚至会达到狂热的程度。政治平等的美好愿景遂转化为消极的"平均主义"。夸张一点说，这种"平均主义"的思维就是：既然每个人都拥有同样的投票权，那么理所当然也应该拥有同样的汽车。托克维尔越将民主看作历史发展的潮流，他所处的视角、抛出的观点就越耐人寻

① Alexis de Tocqueville，*De la démocratie en Amérique*（《论美国的民主》），GF-Flammarion.

味。人类历史的进步可能伴随个体意义上的倒退。民主的发展史也同时是英雄主义、奉献牺牲、追求卓越等"贵族精神"的衰落史。衰落的原因与大家对平等理念的认知脱不了干系。既然我和旁人是平等的,又有什么理由做英雄呢?所有人都一样的话,还有什么必要追求卓越呢?

托克维尔感叹,人对平等的激情甚至超过了对自由的热爱。当所有人都想变得无差别,民主这个制度就维持不下去了,因为它面对、接受的恰恰是多样化。从表象看,大家盼望的还是同呼吸共命运,享受一种新型的政治自由,其实不过退回到个体幸福的小圈子里,甚至幻想所有人获得同样的幸福。这真是天大的误会。古典民主让一个人参与政治生活,给了他可能拥有的最大自由,我们这个时代的人反而认为,不参与政治生活才是自由。①

这下我们更能理解卢梭说民主是为诸神而造的原因了。开放言论自由的历史并不长,如果我们仅仅是拿这个自由来表达人身上原本就有的个性化的东西,那它存在又有什么太大的价值呢?

眼下,威胁民主的不再是法西斯政权或共产主义,而是个人主义,这一点我们还没意识到。帕斯卡尔·布

----

① 在《论古代人的自由与现代人的自由》一书中,本杰明·康斯坦对这一论点有更为深入的探讨(Benjamin Constant, *De la liberté chez les Anciens et chez les Modernes*, GF-Flammarion)。

吕克内称冷战结束后的状况为"民主的忧郁"①。东方阵营垮台，敌人消失，民主走入倦怠期。一旦我们不再为民主而战，它就会像漏了气的气球一样瘪下去。可能民主和幸福一样，都要在征服的过程中体会，一旦拥有反而失去了感觉⋯⋯②

嫌民众没有实权，仅以这一点批判民主是没有意义的，一个原因在于，民众根本不想要实权。除此之外，民主社会中不存在笼统的民众，只有一个挨一个的个体。

这种批判其实想表达，隐蔽的个人化民主③才是更

---

① Pascal Bruckner, *La Mélancolie démocratique*: *comment vivre sans ennemis*？(《民主的忧郁：如何没有敌人地生活?》), Seuil, 1992.

② 参考本书第一问"思考会让人幸福吗？"的内容。

③ 这种个人主义可能导致的后果之一，就是破坏了原本传统社会下的凝聚力。非洲的部落制可以保证每个个体享受到最低程度的凝聚力。部落只负责自己成员的衣食住行，不考虑整个国家的发展。民主以外的体制其实都维持了这种部落式的团结。同样，封建君主制时期的法国社会有明确的等级划分：国王之下是领主，领主之下是附庸，整个国家由大大小小的封地构成，不同等级之间建立了相应的团结，尽管只是一级对一级，不是整个国家层面的团结，但极为有效。弱势群体也参与其中，当时还没有现代意义上的个人主义。平等观念虽然带来了社会的进步，但也打破了这种团结，让弱势群体无所依靠。社会结构的分裂不仅仅体现在辩论中，也对弱势人群形成了直接的威胁，不信大家可以看看，民主社会里那些流落街头无家可归的人。托克维尔的观点如今听来还是振聋发聩：要是一个社会人人平等的话，还有什么必要帮助弱势人群呢？共产主义在美国得到发展，原因就在这里：后现代社会破坏了传统的凝聚力，而共产主义抵消了这一弊病，于是，它被一无所有的人当作唯一的指望。

恰当的制度。当一般意义上的民主无法带来良政，大目标、大原则反而让个体变得自私自利，穷困潦倒的人被迫流落街头，后果会是什么，我们很清楚，不是强权势力抬头，就是贵族统治再次博得好感。最好的人，不就能实施最好的管理吗？少数贤者为全体人谋利益？文艺复兴时期不少城邦国家走的都是这条路子，就拿威尼斯来说，它实行的不是君主制，也不是民主制，而是贵族政治：围绕执政官①，形成了一个由开明资产阶级组成的权力集团。总之，民主的权力越是集中在小部分人手里，就越要对它打个问号。

民主既然不稳定，那何不放弃它，选专政呢？亚里士多德认为，僭主政体相较民主政体的"好处"就在于，僭主出身于平民群众，僭主初兴时，都装扮成为他们的保护人，领导他们对付"贵要阶级"任何不公道的损害②。马克思也为专政辩护，把"无产阶级专政"视作建立民主的前提。

民主进程本身的缓慢更凸显了其他制度的优越。当一种制度需要在乎少数族群、接纳不同的声音时，它在行动上势必要采取和缓的策略，不能像甩包袱一样直接

① 中国自古代以来一直到 1911 年实行的也是一种精英政治，正如伏尔泰无比推崇的那样，通过全国性的统一考试选拔各级官员。

② Aristote, *Politique*（《政治学》），1310b, pp. 12-14. 中文参考吴寿彭译本，北京：商务印书馆，1997 年，第 277 页。

放弃某类人群，扫清障碍。专制独裁没有这种束缚，所以总能立竿见影，说干就干。当初，欧洲不少政治人物看好法西斯主义，其中就有这个原因。丘吉尔曾于1933年公开称赞墨索里尼，说他是"罗马帝国杰出统帅的化身，当今世界上最伟大的领袖，挽救了意大利的命运，为这个国家的前途指明了方向"①。

相比实际执行中存在的困难，民主背离自己的初衷，这更让它显得没有其他制度优越。莫说掌权，民众有时要做个自由的人都不行，连这样的前提条件它都达不到！回想18世纪的美国，民主制与奴隶制同时存在。当时的美国宪法不仅承认奴隶制合法，还加入了禁止奴隶逃跑的规定。托马斯·杰斐逊一边起草美国《独立宣言》，一边在自家庄园使唤奴隶。大约200年后，西奥多·罗斯福②还公然赞成对印第安人采取野蛮的种族灭绝。奴隶制度、种族屠杀、种族主义，都是民主兑现当初豪言壮语的绊脚石。法国革命者把这种实际为少数人专享的自由称为"自私的自由"，揭露出从古希腊到美

---

① 这是丘吉尔于1933年2月18日对英国反社会主义同盟发表的演说。

② 在《民主：一种意识形态的历史》中，卢西亚诺·坎佛拉（Luciano Canfora, *La Démocratie, histoire d'une idéologie*, Seuil, 2006, p. 204）引用了西奥多·罗斯福针对印第安问题的言论："我不想走得太远去说只有死掉的印第安人才是好印第安人，但我相信十个印第安人中九个是死的，而我也不愿去深究第十个的死因。"

国，再到 1789 年法国大革命，民主一路走来的消极影响。

的确，民主大多数时候并没有背离自己的初衷，只是运转不良。民主以外的其他体制也可能运转不良，后果可能比民主还糟糕。

开明君主制一旦背离初衷，就演变成专制统治。

贵族统治一旦背离初衷，就演变成寡头政治。谁掌握的财富多，谁就能垄断一国的权力及资源，贤能不再纳入考量范围。

传统的部族制度一旦背离初衷，不但断送自己部族的利益，还会让公共资源为少数人垄断，无视民众死活。

自 20 世纪以来，民主制度承认所有人是平等、自由的，一旦背离初衷，它就会演变为多数人的专制，助长人性的自私。[①] 不过即便如此，它还是让我们避开了其他体制可能有的弊端。

三、民主的完善取决于人的自我完善

哪怕背离初衷，民主仍然是对抗权力滥用最坚实的

[①] 柏拉图认为，民主是所有好制度中最坏的一个（哪怕是最理想的民主，也不如开明君主制，或贤能的贵族政治），也是所有坏制度中最好的一个（柏拉图认为，当民主运转不良时，政治野心家会靠着蛊惑人心的言说煽动群众、夺取政权，但它好过君主政治、僭主政治、贵族政治、财阀政治等运转不良带来的后果）。

保障。民主的好处往往是隐性的，我们看见的尽是它的缺点。近半个多世纪以来，正是民主让我们避开了其他制度的极端做法：秘密警察、非法拘禁、政治流亡、禁止言论自由、种族灭绝……

民主体制对执政行为的限制最多。如果我们相信一切不受约束的权力都将导致腐败①，那么绝对的权力导致绝对的腐败。② 民主体制下的权力受到的约束最多，腐败的程度最低。原因不为别的，只是出于现实的考量：执政者要赢得民众的支持和信赖，就要有所收敛，不敢滥用手中的权力。其他体制都不可能存在这样的优势。对参与竞选的政治人物来说，滥用职权的后果尤其严重：一旦这个把柄被对手掌握，就会遭到穷追猛打。我们之所以说民主有不稳定的缺点，就是因为它一直采取让执政者竞争上岗的策略，而这其实也保证了我们的底线自由。民主这种体制，没有数百年的传统积淀，也不传递任何真理，相较而言就是不稳定的，但也因为这一点，它不会滥用自己的权力。大家不要忘记一个事实，历史上君权神授导致了针对个体滥用暴力的现象。③ 民主拥有其他体制所没有的对个体的尊重，相较

---

① 因为它为个体提供了某种"反天然"的权力，与一个人对他人所能施加的天然权利相比是失调的。

② 这是一种经典的"悲观主义"论调，雷蒙·亚隆尤其赞成这种论调。

③ 参考本书第五问"要不要信仰上帝？"的内容。

这一点而言，它没有让我们摆脱个人主义就没什么重要的了。从这个意义上说，民主是最好的政治，但缺乏说服力。丘吉尔有一句总结："除了那些被反复尝试过的政府形式以外，民主是最坏的政府形式。"

捍卫民主，是为了达到防止权力滥用的目的。不过具体该怎么做呢？难道捍卫民主、挽救现实的唯一方式就是相信民主勾画出的理想的政治蓝图？我们努力奋斗的目标不是为了阻止最低限度的恶，而是奔着一个理想而去。只有朝着一个不可能的目标努力，才可能在现实中做到最好的程度。[①]

假如民主是一种最不坏的制度，我们可能让它成为最好的制度吗？

背离初衷，将人变得自私、贪婪，这种弊病是民主天生自带的，还是后天造就的？

托克维尔认为，这种弊病烙印在民主的本质当中。柏拉图也持同样的观点，他大批特批的雅典民主，正是褴褛中不成熟的民主。它迅速走向腐化堕落：诡辩学家们只对富裕家庭的孩子兜售学问，后者于是乎掌握了更高的辩论技巧，强行输出自己的价值观念，这一点往往被拿来证明民主的劣根性。可是我们要想一想，民主制度是一蹴而就的吗？难道不需要经历漫长的历史演变，

[①] 见马克斯·韦伯《学术与政治》(Max Weber, *Le Savant et le Politique*) 的最后一页，是全书论点的升华。

循序渐进、不断变革？柏拉图和托克维尔的思考自有他们的道理：那个时代的人还没有预备好去理解新的自由对人意味着什么，况且又怎么可能预备好呢？被奴役太久太久了……

民主没有任何大写的命运，它作为一项政治体制，与个体的倒退之间没有任何本质上的关联。要证明这一点，可以举法国在第三共和国时期的例子，当时的民主带着极强的共和色彩，尤其强调博爱。民主走向共和，学校教育为弱势群体参与社会竞争提供了通道，让他们走出身份标识带来的困顿。那个年代的民主似乎并没有酝酿出极端的个人主义，反而激发了大家维护共同利益的决心。最早的民主是直接民主，到了今天变为间接民主。法国的民主曾经展现出共和、博爱的一面①，事到如今却好像走上了"个人主义"的方向。民主的理想中并没有让人变得自私、贪婪这一项：它曾经呈现出与现在不同的面貌，所以我们要相信，它有这个能力。民主是历史的选择。今天，它还能接近自己的理想吗？

经济全球化威胁到国家政治，也让"自由民主"中

----

① 从第三共和国传播的共和与博爱观也能看出，支撑民主的不单单是人的理性，感性情绪有时也能起到积极作用：博爱更多出于心灵的感性选择，而非大脑的理性判断。亚里士多德早就提出过，理性协商有助于培养公民之间的友爱(filia)。强调我们在民主生活中投入了太多感情因素，只能说有一半道理。

的个体对民主本身产生怀疑。[①]

经济全球化及随之导致的国家政治操作空间的缩减，让政治供给变得贫瘠。民主原本是对象与对象的和平竞争，但假如竞争的对象都消失了呢？

极端化的个人主义及长期以来对边缘人群的忽视，是目前存在的另一个危机，整个社会充斥着革命爆发前的紧张气氛，山雨欲来风满楼。一项制度要想维持稳定，就要让身处最底层、最边缘的人相信，暴力革命不是唯一的出路，社会仍有阶层上升的空间。法国近期多例骚乱都让我们看到，边缘人群并没有感受到这种迹象。

民主变得摇摇欲坠，严重到有人觉得是不是要爆发内战，甚至倒向专制。我们比任何时候都迫切地需要接受关于民主的教育。

"过分革命化"，就是相信民主有能力解决所有问题，缓解一切矛盾冲突，只带来幸福的生活。

"过分个人化"，就是拿民主作为自私自利的借口，只想利用它实现个人幸福。

民主既非万能，也非无能。以上两种态度都会让它

---

① 雅克·朗西埃在《对民主之恨》（Jacques Rancière, *La Haine de la démocratie*, La Fabrique, 2005, p. 89）一书中写道："他们声称自己只是在管控由全球化的历史必然性所造成的地区性影响，我们的政府把大部分精力都用于消除民主的补充。"

陷入独裁专制的危险当中。前一种带来政治独裁，后一种带来经济独裁。

球打到我们这边，是时候行动了。要么继续做在乎私利的个体，民主尽管还是最好的制度，但缺乏说服力。要么心怀共同利益，这时民主就真正成了最好的制度，也成为唯一一个能让个体变得最好的制度。良性的循环于是形成：人变得更好时，民主本身也会变好，选出来的执政者、制定的政策，都会更好，而这一切反过来又让人变得更好。中间任何一个环节出了问题，就进入恶性循环。今天的民主不是直接民主，可以说直接民主就没存在过，我们不需要像古人那样举手表决，但比任何时候都更加需要伸出手臂，坚定地支持民主。

* * *

民主要求我们做最好的公民，这要求难免苛刻。但只有锁定理想，民主才能顺利走下去，避开其他体制的歧途。米洛舍维奇葬礼举行的时候，许多塞尔维亚民众前去悼念，理由是："原本相信民主能让我们生活得更好，没想到还不如米洛舍维奇统治的时代。"这幅景象真令人吃惊，人们宁愿缅怀一个大搞专制的人，无视患了病的民主。比起民主来，他们更向往专制。庆幸的是，我们还有选择的余地。要医治患了病的民主，有两副药方：要么努力克服个人主义、异想天开、动辄弃权、"平均主义"这些弱点，民众克服自私，精英克服傲慢；要么放弃民主，转而拥护专制，再后悔地发现原来自己丢掉了所有制度中最好的一种，也是唯一能让我们变得更好的制度。先贤在民主诞生之际的判断没错，它不但是一项政治制度，也为人类完善自身提供了可能。只不过这种完善，必须是我们主动要求。

第七问

如何接受死亡？

没有人对死亡有经验，因为它只会发生一次。也没有关于这种情况的教科书，所以一切只能靠即兴发挥。

——欧文·亚隆[1]

---

[1] 参见《学习死亡：叔本华的治疗》（Irvin D. Yalom, *Apprendre à mourir: la méthode Schopenhauer*, Galaade Éditions, 2005, p. 163）。欧文·亚隆（Irvin D. Yalom, 1931— ），美国当代精神医学权威，同时也是小说家。

他的人生走到尽头，已无路可走。不过在此之前，他已经想好了一切：办理完遗产公证，给身边亲友乃至合伙人留好遗书。他穿戴整齐，掏出手枪，上好子弹。连拖欠的账单也付清了。等到人们发现他的尸体，就会明白，这是一场早有预谋的自杀，有个人像计划出游一样，精心安排了一场自杀。

神风特攻队的自杀式袭击，也是经过预先筹划，"做好了赴死的准备"……和战前做好充分准备一样，做人肉炸弹也得考虑方方面面，不单要解决武器来源、战术掩护、经济成本这些实际层面的问题，心理上也要想明白以命换命、自我牺牲的价值所在，接受实践神学的观念。

上述两种情境下的当事人，都是以飞蛾扑火的姿态主动迎向死亡。死亡对他们来说，要么意味着解脱，要么是实现某个目的的手段：终结痛苦，反抗西方强权，作为殉道者在天堂找到一席之地，用自己一条命换家人衣食所需……

换一个角度，如果我现在告诉你，死带不来任何东西，相反，它就是把人身上最宝贵的东西——生命拿走了。我们所有人，没有一个是真正想死的，都期望能活多久就活多久，这种情况下，谈"准备死亡、迎接死亡"这样的问题还有意义吗？

人很难对自身从未体验过的事物做好什么准备。因此，"我的死"这个表达也许没有太大的意义。参加身边亲友的葬礼，可以让我想到，有一天，我也会离开人世，但它对"我自己的死"没有任何启发，毕竟我还留在这个世界，我的生活还在继续。只要是活着的人，就不会知道死究竟是什么感觉。我们见到的只是死带来的结果：尸体、葬礼、悲恸、遗产公证、向已故的人道别、对他心怀愧疚……当然，我们也见识过死的先兆：疾病、衰老、生命如风中摇曳的烛火奄奄一息。没有人真正见识过死亡，也没有人能想象死亡。我们甚至不知道死亡到底是什么，它朝向无限还是朝向虚无，它将人抛向宇宙还是什么也没有的虚空。既然如此，人又如何能做好迎接死亡的准备呢？

此外，我们说那些自杀的人或是自杀式袭击者"做好了赴死的准备"，不等于他们在死亡来临那一瞬间，真的做好了准备。也许，就在濒死前那道刺眼的强光中，他才看到，一个人放弃了生命，才真正变得一无所有；那一刻，他还可能想的是，不放弃生，才是面对死最好的姿态。

世界上诸多宗教信仰与思想体系，都对自杀或恐怖主义持反对意见。它们认为，人要为死亡的到来做好准备，就要在活着的时候，放弃那些死亡叫人不得不放弃的东西。佛教、柏拉图主义、叔本华哲学，都告诉我们，生活是痛苦的，人生是无意义的，要抛下贪嗔痴，超越肉体享受，做到心如止水、六根清净……

怎样才是为死亡做准备呢？是早早放下一切，提前进入死去元知万事空的状态？还是反过来，在活着的时候尽情去经历，去体验，去享受，把人生填得满满的，等临了面对死神的那一刻，可以响亮地喊出"我准备好了，我经历了想要经历的一切"？

一、抗拒死亡，所以不能为死亡做准备

为死亡做准备不是一件容易的事情，但其实不做准备也不容易。悲观主义者与虚无主义者喜欢重复的一个论调是，我们每个人，打从出生起就被判了死刑，拿着一张通往死亡的车票，只是上面没填具体的年月日。既然死是摆在每个人眼前的大事，我们就有必要做好充足的思想准备，坦然面对它的到来。从心理上，接受死亡，接受对死亡的思考。

人类处在这样一种矛盾的境遇当中：一方面，他是世界上唯一知道自己会死的生物，但同时，对死亡的恐惧又左右了他的行动，不是想着怎么逃避死亡，就是发明各种方法与死亡对抗。

从人类始祖掌握生存技能，到今天创造出最精致的艺术，建立最复杂的宗教，所有的人类文化都被一个信念所激励：要战胜死亡、超越死亡，超越个体生命的有限。也许正是因为这个原因，人才难以做到坦然面对死亡。面对死亡，等于接受死亡，向死亡交白旗，而我们要的是，拼尽全力战胜死亡。我们内心深处住着一个"小人"，他总想着变强，强过死亡，因为接受不了死

亡，所以也不会坦然地面对死亡。宗教信仰一再向他灌输，人死后去往"彼岸"，哲学家们告诉他，人要通过思想找到永恒的真理，艺术在他与逝去的灵魂或尚未出生的人之间搭建桥梁。从这个意义上说，文化是对死亡的否定。所谓传统，就是逝去先人留在世间的些许印记，也多多少少会成为后来人的印记。知识的代际传承其实是人类抗拒死亡的一种表现，就像人也会通过文字与后代子孙对话。做好迎接死亡的准备，就是接受生老病死的"自然规律"，承认人也像植物一样，先有生长、绽放，后有枯萎、凋零。然而人类整个呈现的生存状态，无不映射出对死亡的抗拒。从丧葬文化的各种讲究到对待死者如同生时的态度，都在强调人跟动物有本质的区别，人是多么害怕一旦死去，就彻底归于尘土，灰飞烟灭。这一切的表现反而让我们看到，死亡留给人的既定印象有多根深蒂固，人有多抗拒死亡。

当整个文化摆出与死亡战斗到底，不占上风誓不罢休的架势时，"为死亡做准备"，接受死亡，是要我们对死神展现前所未有的谦卑。

然而，当今时代一些特有的现象让"从容面对死亡"这件事变得难上加难。亲眼见证一个生命的离去，有过这种经历的人越来越少，人在家中去世的概率也越来越小。医院成为处理尸体的机器，一个个生命在这里走完最后一段路，像流水线下的产品一样，身份模糊，没有分别。文化引导人要去追求持久、永恒的东西，于是我们背过身去，假装看不到死神。不愿面对逝去的人，更不愿看到将死的人，背后都是这种心态在作祟。死亡没有被战胜，只是被压抑了。去葬礼化是城市化进程中一个明显的趋势，家族成员平时散居各地，一旦有人过世，很难将大家召集到一起为他送行，舟车劳顿不说，多数情况下，去世的当事人也早与他出生的故乡隔着千山万水了。你可以想象，在现代城市拥堵的车河当中突然冒出一支送葬的队伍，这幅画面有多不和谐。我们不再想着强过死亡，胜过死亡，而是用一种无力甚至懦弱的方式，避开死亡，不与它正面对峙。但不管采取哪种态度，结果都一样：我们没有在为死亡做准备，只想着怎么逃避。时代让每个人活得匆匆忙忙，忙到连腾出时间为亲人守灵也成为一种奢侈。经济社会的现实状况不允许一个人花费超过一天的时间为亲人守灵。法国劳动法规定，员工在直系亲属死亡时，只能请三天丧假。这个规定的合理性到底在哪儿，值得怀疑。我们越少经历身边挚爱亲朋的离去，就越难学会面对死亡。

帕斯卡尔说："既然死亡是不治之症，为了让自己活得幸福点，干脆不去想它。"[1]弗洛伊德则从更深的层面来分析人类对死亡的排斥。[2] 我们表面上意识到了死

① Pascal, *Pensées*（《思想录》），pensée 168, Garnier, 1961, p. 119.

② Freud, « Considérations actuelles sur la guerre et sur la mort »（"对战争与死亡的思索"），dans *Essais de psychanalyse*（《精神分析文集》），Payot, 1915, p. 31.

亡就在前方，"其实潜意识里并不相信自己会死，表现出来的是永远活下去的状态"①。藏在潜意识里的本能冲动都向着"积极的目标"看齐，渴望生存，渴望享受，渴望拥有，"没有哪一样能支撑起人对死亡的信仰，这才是英雄主义令人不解的地方"，弗洛伊德得出这样的结论。习惯强调事故、疾病、年龄等引发死亡的偶然原因，说到底都是不愿意直面死亡。

此外，弗洛伊德还特意区分了两种死，一种是我之外的他人——包括敌人或陌生人的死，它对我构不成任何伤害；另一种是我自己的死，这是我无法想象也接受不了的一个现实。敌人或陌生人的死为什么容易接受，往深了说是因为人身上都有一种强烈的冲动，想杀死自己不愿看到的东西，就像我们也不愿看到自己的死。这其实是在变相地否定人都会死的现实。"每一天，每一刻，潜意识活动都在为我们排除那些带来不快、伤害的因素。'让他见鬼去吧'这句口头禅背后隐藏的含义是'让死亡带走他吧'，反映了潜意识里真实、强烈的意图。"②敌人的死，我们轻而易举就能接受——甚至打从内心渴望——反过来，自己的死却像永远不存在似的。

① Freud, « Considérations actuelles sur la guerre et sur la mort »（"对战争与死亡的思索"），dans *Essais de psychanalyse*（《精神分析文集》），Payot，1915，p. 42.

② Freud, « Considérations actuelles sur la guerre et sur la mort »（"对战争与死亡的思索"），dans *Essais de psychanalyse*（《精神分析文集》），Payot，1915，p. 43.

对比之下，你就能看出人有多抗拒死亡。

　　这种抗拒，在失去至亲那一刻，会赤裸裸暴露在光天化日之下。与陌生人相反，至亲的死让我们想到自己的死。痛苦的现实扑面袭来，逼得我们无处可逃，不得不去正视总有一天也会降临到自己头上的死亡。至亲的离去，不也带走了我们生命的一部分吗？极度崩溃时，我们不希望别人来安慰，甚至会生出随对方而去的念头，就像海涅写进诗歌的那句话："与所爱之人，生死相随。"越想逃避死亡的现实，就越难承受失去至亲至爱的痛苦。陪对方走完人生最后一程，直到入土为安，所有花在这上面的时间、精力其实都是为了日后心理上的平衡，我们想起对方时能少一点痛苦。否则，我们只会过得越来越糟，离从容面对死亡这件事越来越远。我们会越来越难接受死亡：接受爱人终有一天将离开人世，我们再也无法陪伴在他们身边，接受有一天死亡也会来到我们面前。

　　"想要生，就要做好死的准备"①，这是弗洛伊德的建议，它源于一句古老的格言："想要和平，就要做好战争的准备。"为了更好地活着，也为了能更坚强地承受至亲至爱的离去，我们有必要"为死亡做准备"。然而，究竟该如何去做呢？

---

　　① Freud, « Considérations actuelles sur la guerre et sur la mort »（"对战争与死亡的思索"）, dans *Essais de psychanalyse*（《精神分析文集》）, Payot, 1915, p. 46.

二、为死亡做准备，就要舍弃生

死亡是一件必然会降临的事，我们在现实世界执着追求的东西，迟早都要放下。既然如此，"为死亡做准备"，就意味着从现在起，了断心中的执念。

为死亡做准备，最好的办法就是破除对生命的执着，不再贪恋随时间必然消逝的东西：比如你放在某个人身上的爱，你对某种权力、地位的渴望。人或物对你产生的牵绊，正是人生痛苦的来源。

在印度教的传说中，神祇迦尼萨为象头佛陀身，常见的造型是右手持斧，左手执绳。斧头象征人在生前就要有所觉悟，砍断对生命的贪恋。如果将死亡定义为剥夺人拥有的一切，而这正是我们为之恐惧的原因，那么不如从现在起就放下这些东西，无欲则刚。摆脱了所有束缚和牵绊，人便能离苦得解脱，获得心灵的平静与自由。反之，如果放不下世俗的牵绊，那么单单想到死这个概念就会带给你极大的痛苦，更别说死本身了，那才是终极意义上的切断：一个人要放弃他最珍贵的东西。为死亡做准备，就要学习如何放下对尘世的贪恋。

至于迦尼萨另一只手中握着的绳子，参照部分说法，它是用来自缢的，持这种看法的人基本上对印度教的信仰智慧有所反感。事实并不是他们说的这样。绳子象征着更高的精神追求，飞升到涅槃之境，看透世间无常。将生命的整个历程看作一场演出，对生命长河中流过的所有欲望与痛苦漠然置之。世间没有什么是永恒的，妄念必然带来痛苦。万物皆为过渡，一如车窗外一闪而过的风景。为死亡做准备，就是参透万物终幻灭，世间本无常。佛陀最早在菩提树下悟出的三个真理体现了佛教的基本教义：第一，众生皆苦；第二，苦的原因在于众生有执，对人、物、念、生的贪恋是苦的根源；第三，要摆脱苦就要消灭欲望，断除执念，无有分别。总结下来就是说，当一个人在为死亡做准备的时候，其实就代表他身上已有一部分死去了。

以爱为例，我们就能看到佛家倡导的这种观念对人来说有多不切合实际。一个人要为爱人的离去做好准备，就要早早切断对他的依恋，等到分别的那一天，才有足够的心理能量来承受这个结果。换言之，若想坦然接受死亡把他从你身边夺走的现实，你要做的只可能是不再去爱对方，他在你眼中不再闪闪发光，你在这段爱情中已然死去。说实话，我们人不但做不到放下执念，兴许也根本不想放下执念。远离尘世喧嚣，过出家人的生活，可能才会达到彻底的解脱。佛家宣扬的这种生死观与我们西方人的认知是有冲突的。

但同时，我们又很尴尬地发现，西方不少哲学与智慧，在关于如何为死亡做准备这个问题上，与佛家的观念不谋而合，也充满了消极厌世的色彩，我在这里没有用另一个词"病态心理"来形容。斯多葛学派的观点就与佛教如出一辙，要人放下执念。柏拉图曾说："探讨哲学，就是学习死亡。"他所说的死亡，还是指"身体的死亡"，超越可朽的肉身，飞升到达更高的境界，观照永恒理念。柏拉图的哲学思想常常被认为是西方理性主义的根基之一，然而从很多方面看，它都与迦尼萨的斧头和绳子有异曲同工之妙。柏拉图认为，灵魂坠入肉体这座欲望的监牢，理性受到各种感官的迷惑，呼应了斧头象征的含义——与肉身切断联系。绳子象征的更高精神追求在柏拉图的思想中就是理念世界。柏拉图认为的"学习死亡"，也是从非本质的东西中解脱出来。在西方哲学史尤其是叔本华那里，这样的论证屡见不鲜。我们还能举出无数例子来，说的都是同一个道理：人要懂得放下，保持心灵的宁静，以超然的态度面对生死，从对人、事、物及苦苦追求的目标中解脱出来。

在所有关于如何为死亡做准备的讨论中，其实都暗含着一种观念，现在是时候揭晓它了。也许是因为没有引起广泛注意的缘故，这个观念才显得没有说服力。

在柏拉图尤其是其师苏格拉底眼中，死亡实际完成了一个哲学也在追求的目标：摆脱肉体束缚。"探讨哲学，就是学习死亡"，这句话的意思不单单是要我们学习如何对死亡不再抱有恐惧，除此之外更重要的是，超越一切会对精神成长有所妨碍的肉体感受，不论它是痛苦还是愉悦。这就是上面提到的那个隐含观念：死是好事。要为死亡做准备，最好的方式就是相信这一点。

哲学家们认为，为死亡做准备的方式就是通过一系列精神训练，减轻对它的恐惧。典型的像是伊壁鸠鲁学派，他们所用的论证是死算不上灾祸，不会对人构成伤害，它实际上与人无关：死对人来说什么也不是，人活着的时候，它尚未到来，等它到来时，人已不复存在。如此看来，它就没什么值得恐惧了。论证死不但与人无关，而且是一件好事，这就又往前迈了一步。对苏格拉底而言，死不是可怕的消亡，而是思想本身活了过来，像蝉蜕一样从肉身中出窍。苏格拉底似乎真的为死做好了准备。面对死神，他没有战战兢兢，而是安慰自己的门徒，毅然饮下毒酒。为了这一刻，他已等待了多年：每一次，从与他人的对话中获得精神升华时，他唯一的盼望就是脱掉这身皮囊，只留下纯粹的思想。死给了他这样的机会。有了苏格拉底的启示，今天的人再面临与爱人生离死别这样的考验时，就会拿出更智慧的态度，站在爱的永恒性这个高度来考虑问题。肉体的亲密是短暂的，眼前的这个人也会消逝，但是你们之间这份爱的价值却不会因时间而改变，从这个意义上说，死亡并不能将对方从你身边夺走。有人可能觉得，这样的"准备"未免太理论化了一点……佛教教义说，你要接受一个你爱的人离开，就要先做到不爱他。柏拉图也是通过放弃现实中的爱，走向永恒的爱的理念。死在这两种观念里都被当作一件好事，为死亡做准备，势必要舍弃肉身。

为死亡做准备，真正付诸行动的寥寥无几。大部分人停留在理论思考的阶段，试图重新评估死亡的价值，把它想成一件具有积极意义的事情。关于死是好事的经典论证之一就是说人要长生不死，才是无穷无尽的痛苦……彼特拉克①讲过一个故事，阿戈斯城邦一位女祭司有两个儿子，名叫克勒奥庇斯和庇同，兄弟二人请求神后赫拉赐予他们凡人能有的最大幸福，结果两人昏睡过去再也没有醒来，凡人最大的幸福就是在不知不觉中睡着及死去。视死亡为解脱，这种想法被叔本华推向极致：死成为上帝的恩赐，终结了人作为"两足动物"生存于世的焦虑，奇迹般地回归到出生以前的虚空状态。叔本华有句话一直被当作悲观主义的宣言："敲开墓门，问问那些死者还愿不愿意活过来，他们肯定摇头。"

这种病态思维何以层出不穷，值得琢磨。首先，它们当中绝大多数的论证存在逻辑上的漏洞。"死是一件好事"要怎么确认？死去的人已经不存在了，没任何感觉了，他又怎么证明死是好事还是坏事？提出这种观点的人可没有设想过人有没有来生……其次，如果死果真是好事的话，为什么我们不拿这个理由为杀人犯洗脱罪名呢？他们杀人是在做好事呀，我们干嘛还要恨他们？

一个更为根本的问题是，"为死亡做准备"往往被

---

① Plutarque, *Consolation à Appollonios*（《对阿波罗尼乌斯的安慰》），dans *Œuvres morales*（《道德小品》），Les Belles Lettres，1985，t. II.

曲解为期待死亡。我们一开始就区分了两种面对死亡的态度，一种是自杀者的态度，另一种是佛教徒或哲学家的态度。佛教徒或哲学家尽管也叫我们"该放手时就放手"，但绝不等于提倡自杀。如果死是好事的话，人为什么不干脆自杀呢？苏格拉底之所以选择自杀，是因为他拒绝逃走……

杰出的人物要是都听从苏格拉底和佛陀的劝诫，早早为死亡做准备，还能有后来的成就吗？所有人都看透了世间无常，历史还能留下什么恢弘的篇章？佛陀的庙宇也许能带来心境的平和，但人会为此付出怎样的代价……心如止水的陀思妥耶夫斯基，写得出《群魔》吗？雨果要是一早为死亡做好了准备，他笔下还能流露出同样的悲愤吗？

因为排斥死，从内心深处拒绝死，这些人才会拼尽全力要在世间留下些什么，像诗人马雅可夫斯基说的，"去到比死亡更远的地方"[1]。反观佛教徒和静修者，他们参透了生死，甚至在死亡来临前就做好了准备，最终，他们留给世间的也只能是一抹剪影、一道轮廓，如阳光炙烤下的一湾水，顷刻间便蒸发殆尽。佛教徒和静修者这些人可能反驳说，没入大千世界，参透众生无常，去妄念偏执，往极乐净土，正是我们追寻的目标。

---

① Vladimir Maïakovski, *Poèmes* 1913-1917（《马雅可夫斯基诗歌选：1913—1917》），Messidor/Temps actuels，1984.

但它不能代表其他人的想法。不把死当成好事，又怎么为死做准备呢？把生当成好事，又怎么能做好离开生的准备呢？

"想要生，就要做好死的准备"，弗洛伊德这句话背后的含义，绝不是要我们主动拥抱死亡，提前进入死亡的虚无，而是说人活着，最好的状态，也是最有意思的状态，无非一边想到死，一边好好地活，不再逃避"人都会死"的现实，清清楚楚地知道那一天总会到来。佛教徒与斯多葛主义者鼓励人勇敢面对死亡，为的是换来安宁的生活，弗洛伊德则是要强化生命的存在感："人生是一场赌博，最大的赌注就是生命本身，一旦失去这个最大的赌注，人生也就走向干涸，再无趣味。"他没有要我们放下执念，早得解脱，而是建议大家"想要生，就要做好死的准备"①。那么以怎样的方式来做准备，才称得上健康呢？

三、为死亡做准备，就去经历该经历的东西

刚才我们讨论了为死亡做准备的方式之一，即早早放下一切，提前体会死亡的虚无。现在换一种角度考虑，假如在活着的时候选择把人生填得满满的，尽情去经历、体验、享受，又会是怎样的情形？为死亡做准

---

① Freud, « Considérations actuelles sur la guerre et sur la mort »（"对战争与死亡的思索"）, dans *Essais de psychanalyse*（《精神分析文集》）, Payot, 1915, p. 33.

备，可不可以通过强化生命存在感的方式进行？

要回答这个问题，涉及死亡的另一种定义：它可能既非好事也非坏事，而是分不同情形，有时是好事，有时是坏事。一个人生刚刚启程，未来有着无限可能的人不幸暴毙，和一个儿孙绕膝，拥有丰富阅历并引以为豪的人迎来人生终点，这两者可有着本质的区别。如果将为死亡做准备理解为尽情地活，那么这个"活"其实可以指向两种完全不同的方向：一种是说拥有尽可能多的人生体验，像饥肠辘辘的人寻找食物那样去追求生活提供给人的无限可能，把生命的存在感放大到极致；另一种是考虑到命运无常，所以在面临选择时，有所为有所不为，只看重生命的某个维度。

我们先来看第一种选择：穷尽生活的所有可能，耗尽生命的所有能量。它不仅仅是说无视佛家虚空之说，偏要体验极端化的情绪，经历各种不同的事情，好让生命尽情地绽放，留下足够精彩的印记，它里面还包含了一层意思，当生命强度到达某个顶点，即将跌落时，也是我们体验死亡感受的时刻。"性高潮"不就像一次"小小的死亡"吗？当一个人即将远行，离开他熟悉的环境与亲人时，我们不是都说"道一声再见，就是死去一点点"？忙碌了一天被困意压垮，一夜未眠濒临崩溃，其实不都给人一种接近死亡的感觉吗？

不过再怎么说，我们也只是在模拟死亡，这些感受究竟和死亡有几分相像，谁也不知道。此外，一个人也没法"穷尽生活的所有可能，耗尽生命的所有能量"，总有你没体验过的事情。这样说来，为死亡"做好准备"永远不可能实现。有些人想尽量丰富自己人生的调色板，还有些人尝试挑战极限运动，甚至不惜滥用药物来戏弄死神，这样的人其实往往畏惧死亡，他们在逃避死亡，绝不是在为死亡做准备，不然就是抱着自杀者的态度，一心求死。我们在这里叩问的却是另一种融合了生死的观念：人有没有可能在好好生活的同时，为死亡做准备？只顾着捕捉人生的新奇刺激，想也不想它的意义何在，这样的一生有什么价值可言？生活中经常出现一种情景，贪图人生享乐的人斜躺在沙发上，突然莫名其妙地陷入了对死亡的焦虑。精神分析反过来让人对自己的选择负责，既要为过去的选择买单，又要为今后的选择拍板。

既然生命只有一次，又有随时到站的可能，"为死亡做准备"就意味着要在纷繁复杂的局面中理出个头绪，选择对自己来说最重要的东西，完成那些最想完成的梦想。左顾右盼，什么都不放过，什么都想尝试，反而会阻碍精力的集中，完成真正想要完成的目标。至于什么是应该完成的目标，不论个人生活还是职业追求，我们都能举出一些例子。

比方说，不把家族的某个秘密带入坟墓，就是为死亡做准备的方式之一。在自传体小说《秘密》①中，菲利

---

① Philippe Grimbert, *Un secret*（《秘密》）, Grasset, 2005.

普·格林贝尔讲述了自己家族的一个秘密，替父亲解开了长久以来的心结：父亲在他之前还有过一个儿子，也就是故事叙述者同父异母的哥哥，这个孩子后来被关进了纳粹集中营，再也没回来。这个秘密的揭开，不仅帮助父亲从沉重的过往中解脱出来，解释了他行为异常的原因，也让格林贝尔自己得到解脱，对童年经历有了更深的理解，明白自己为什么会有那么多无来由的情绪，存在心理障碍。将家族的秘密带进坟墓，等于禁止活着的人了解自己的出身，让他们继续承受家族遗留的伤痛，并且永远找不到自己痛苦的原因，甚至为此患上神经官能症，产生精神上的问题。为死亡做准备有无数种方式，你可以向深爱却又伤害了的人说声对不起，也可以和被迫失散的亲人重归于好。这些方式不像佛教教义那样，劝人早早断了生的欲念，好从容面对死亡，而是相反，要赶在死神降临之前，将生命中一度中断的联系重新找回来，直到死亡也无法将我们压垮。一个人要为死亡做准备，就要问问自己：我生命中真正重要的东西到底是什么？我最在乎什么？哪些东西是我不能带进坟墓去的？哪些东西是我想留在世间的，好比说，这一生一定要实现自我，或者把家产留给我爱的人？我应该放下什么心结？又该解开谁的心结？至亲的离去其实为我们提供了一个与心灵对话的机会，多多少少也能让我们为自己的死做点准备。

由此，我们更能理解柏拉图的思想饱受争议的原因。对"人生什么最重要"这个问题，他的回答是："哲学地观照生活。"那么世界上的其他人呢？人所处的现实世界呢？照这个逻辑看，人生须臾，还有没有价值呢？柏拉图认为，过哲学的生活就是在为死亡做准备。他可是我们文明的奠基人之一，居然掉过头去，假装看不到真实的世界？

为死亡做准备，最终要落实在行动上，干脆利落地去完成那些你认为应该完成的任务，不在没有意义的人、事、物上浪费时间。这里面包含着一种内省，一种真正的心理治疗，即弄清自己内心深处要的到底是什么。[①] 如果你陪伴过即将去世的人，那你肯定知道人什么时候最怕死。一生中没有实现自我的人最怕死，觉得自己错过了这个，错过了那个，这也没干，那也没干，没真正体验过爱是什么滋味，这样的人最怕死。认为已经实现了自我的人，他对死亡的恐惧不会完全消失，但有很大程度的减轻。这就打破了包括叔本华和齐奥朗在内所有悲观主义者或虚无主义者的论调，把死当成一件好事，认为它能让人从生活的痛苦和屈辱中得到解脱。照这么说，尝到最多人生苦果的人应该很期待死亡的来临，不会像其他人那么怕死。叔本华的观点有自相矛盾

---

① Pierre Rey, *Une saison chez Lacan*（《拉康的季节》），Points Seuil, 2003.

的地方，他一贯称生活是一场骗局，"人生如钟摆，在痛苦与倦怠间徘徊"①，只有等到死亡来临，人才能从生命的重负中解脱，然而在注释的结尾部分，他又写道："我一直以来都希望自己死得轻松一些，这也是孤独者强过常人的地方。与其像其他无毛的两足动物那样，在死亡面前泣涕涟涟，做出各种滑稽的丑态，不如感恩上帝让我来到这个世界，现在任务已经完成，我要高高兴兴地离开，回到我来的地方。"②既然他说在尘世当中"完成了任务"，那就说明人生不是一点意义也没有，仅仅在痛苦和倦怠中打转。③ 与其叫一个人看破红尘、放下所有，不如告诉他要尽力完成自己人生的任务，才能更好地面对死亡。

死称不上一件好事，但如果一个人完成了他在世间应该完成的任务，那么死对他而言也绝对算不上坏事。偶尔，你能看到一些患了绝症的人，还像没事一样继续生活。他们可能是医生、农民、艺术家、政治人物，依旧做着自己的工作，照常去体验人生的喜怒哀乐，经历没有过的经历。这些人没有提前放弃生命，向死神缴械

① Schopenhauer, *Le Monde comme volonté et comme représentation*(《作为意志与表象的世界》)，PUF, 1996, t. I, pp. 323-325.

② Rugiger Safranski, *Schoperhauer et les Années folles de la philosophie*(《叔本华与哲学的疯狂岁月》)，PUF, 1990.

③ Nancy Huston, *Professeurs de désespoir* (《绝望向导》)，Actes Sud, 2004, p. 49, 69.

投降，只要身体允许，只要痛苦还能忍受，就继续做该做的事情，像什么也不会发生。他们都义无反顾地走在实现自我的道路上，用行动书写自己人生的意义和价值，赢得尊重和认可。选择自杀的人，很可能既没有找到自己在世界上的位置，也没有找到生命的意义，只好把自杀当作最后的解脱，认为那是个体能实现的终极自由。在努力实现自我的人看来，为死亡做准备，最好的方式就是继续做好眼前事，在实现自我的路上能走多远就走多远。

当然，做准备不等于做好准备。只要这颗心依然扑通扑通地跳动，它就还能感受人世一切喜怒哀乐，生命也会永远向上，如尼采所言，"不断自我超越"①。哪怕完成了此生的任务，与所爱的人达成了和解，也不代表已经为死亡做好了充分的准备。

相较那些把家族不幸的根源带进土里，让子孙后代不断承受折磨的人来说，我们面对死亡时可能没那么恐惧，但不代表已经做好了迎接死亡的充分准备。这世上有人能把所有的事情都经历个遍，穷尽所有的可能吗？肯定没有，那只是人的愿望。死神总是不期而至。人渴望得到认可的心会有彻底满足的时候吗？黑格尔说不会。人有一天会死，也知道自己会死，才接受不了这个

① Nietzsche, *Ainsi parlait Zarathoustra*（《查拉图斯特拉如是说》），GF-Flammarion.

现实。因为害怕死亡的来临，所以人迫切地需要来自同类的安慰和认可。不过这样还是不够，再多的安慰和认可也驱散不了死亡的阴影。即便对那些实现了自我的人来说，死神的脚步还是来得太快了。

人能做的，就是尽可能为死亡做准备，但同时要知道，你永远不可能为它做足准备。

生命之所以是有机体，就是相对死亡而言的。比沙医生①把生命定义为"对抗死亡的器官组合"，从这个表述可以顺延到弗洛伊德的理论，原始冲动为生命提供了能量来源。早在尼采提出"生命的本质在于自我超越"这个看法前，斯宾诺莎就说过："存在，就是自我保存，保持存在。"为什么一再强调这一点，还引用这么多名人说过的话？因为我们知道，在这些美丽的话语背后，蕴含着一个永恒不变的真理：生命总有落幕时。体力跟不上，一天不如一天，自我保存越来越难。生命的意志再强大，再想自我超越，也永远有突破不了的限制、到达不了的地方，这就是衰老。身体不听使唤，死亡近在咫尺，由不得恐惧，不得不服老，告诉自己要放下。但这个放下，有别于佛家或叔本华讲的放下。它不是瞬间完成的动作，而是在漫长的岁月中逐渐铺垫的，先放下工作，再来是爱好消遣，然后是健康，直到有一

---

① Marie François Xavier Bichat（1771—1802），法国解剖学家及生理学家。

天，开不了车，走不了路，最后连生活也无法自理……身边的亲人一个个离去，死亡同样也在蚕食我们的生命。伴侣一起生活了几十年，总有一个先走，剩下另一个踽踽独行。心里有太多的不舍，也恨不得代对方去死，但慢慢地，我们学会了放下。

海德格尔说，死亡终结了一切的可能性。① 衰老是逐渐习惯这种终结的过程。先是变得耳背，听不清别人讲话，后来起身也变得困难，直到有一天，连活也活不下去。

生命随着时光的流逝逐渐落下帷幕，这本身就是为死亡做准备的过程，比任何宗教信仰或哲学思辨都有用。不必问迦尼萨借来斧子，也不必向斯多葛派讨要实际的建议，人自会从生命中退场。岁月缓缓走过，在每个人身上留下沧桑的印记，一点点断开我们与生命的所有关联。所以那个道理没错，趁活着的时候，赶紧完成想完成的事，等到死的那一天，就不会有那么多不甘。与其依赖那些宏大的理论、漂亮的说辞，不如接受生命本来的样子，痛快地生，安然地死。

---

① Martin Heidegger, *L'Être et le Temps*, *Qu'est-ce que la métaphysique*(《存在与时间》), Gallimard essais, pp. 140-163.

译 后 记

　　法国，除去大众熟知的葡萄酒、时尚、美食，也盛产哲学家，是名副其实的哲学大国。1808 年，拿破仑建立中学毕业会考制度时，哲学已被列入必考科目。"高中毕业会考"（Bac）是法国的大学入学考试，地位相当于中国的高考，无论普通高中或技术高中，学生无论选文、理还是社会经济类，哲学都是必修课，会考时都要过哲学这一关。开考日，第一科先考哲学，应试者要在长达四个小时的时间里，从三道主观题中选择其一作答，前两题通常以问题形式出现，第三题要求就一篇哲学经典段落展开论述。与中国高考作文引发全民热议一样，法国每年的哲学考题一公布，也会立即成为社会讨论的焦点，近年也越来越受到中国网民的关注，说明我们也觉得这样的出题方式有趣、特别，让人眼前一亮。例如在今夏结束的 2022 年高中毕业会考中，普通类（Bac général）试卷设置的两个问题分别是：1）艺术实践能否改造世界？2）是否该由国家决定什么是正确的？

重视哲学教育，并不稀奇，但重视到法国这样的程度，将它列为高考第一科目，要求高中毕业的孩子人人做"小哲学家"，掌握实际的哲学写作，这在世界范围内绝对是罕见的，甚至独一无二。了解了这一点，我们就对法国人性格中整体表现出的爱争辩、口才好这些特征不感到奇怪了。哲学，某种意义上是他们的"成人礼"。

即便在另一个传统强项——文学领域，法国人也有一个不成文的规矩，他们将小说潜在地划分为几个等级，最高级，也就是一流的小说，或拥有雨果那样的济世情怀，或充满哲学思辨，法国文学的队伍中有大量哲学家，卢梭、伏尔泰、狄德罗、萨特、加缪……他们的作品读来有一种怪异感，情节被弱化，思想被放大。毛姆有名的两部小说《刀锋》《月亮与六便士》、李敖的《北京法源寺》、豆豆的三部曲其实也是这样，套个故事的壳，按捺不住作者强烈的说理欲，要摆观点，论立场，进行思想交锋。大家可以再对比写"爽文"的大仲马，《基督山伯爵》多扣人心弦啊，大仲马从来不缺读者，但对法国人来说却难登大雅之堂，这个矛盾从其灵柩移入先贤祠时引发的争议就能看出，而先贤祠中供奉的都是谁呢？雨果、卢梭、伏尔泰……

《一周哲学课：哲学入门七问》，正是对标法国哲学的这种思辨传统与其社会致力推广哲学公共教育的大背景。全书参照哲学会考的出题模式，精心设计了七个入门级问题，每个问题没有唯一正确的答案，视角一经切换，就能得出不同乃至完全相反的结论。对于好奇法国哲学与哲学教育，想一探内里乾坤的人来说，这本书是一份再好不过的"产品说明"，从中我们可以清晰地看到，法式哲学教育的灵魂，首先不在阅读经典，而在方法引导，训练批判思维，启迪理性萌芽，教人谦虚审慎。它更是一本面向普罗大众的哲学普及书，当中涉及的七个问题，绝非哲学给人的刻板印象，玄之又玄，仅仅是少数天才精英躲进书斋成一统的"精神爱马仕"，你我为稻粱谋者，可望而不可及。这七问中的每一问，从幸福、法律、审美到教育、信仰、生死，无一不是从活生生的日常中抓取出来的灵感，都在回答哲学对我们普通人到底有什么用这个本质问题。其实，这也是回归先贤们最早创造、发展哲学的初衷，所有形而上的思考都来自形而下的生活，指向具体的问题，服务众生。一个社会为什么需要法律？人为什么非要上学？我们看一幅名画能看到落泪，它带给观者的触动，究竟是什么？这些疑问，乍看司空见惯，答案是明摆着的，让人纳闷是否还有讨论的必要。就拿上学来说，最大的目的不就是学习知识，提高文化修养吗？但佩潘告诉读者，没这么简单。学校教育的本质，在于培养一个人成为未来合格的公民，他既富有理性，又懂得追求自由，知道责任对一个人意味着什么。这当中牵涉自由与规则、个人与集体、先天本能与后天规训、原欲与求知欲、自我评价与他人认同等种种博弈。说得极端一点，常识以为学校

219

教育最重要的使命——传授知识，其实是当中最不重要的一环，或者说，它只是一个外在形式，通过这个形式，真正要实现的目标是塑造适应社会生活，有能力用知识改变生命的人。学校教育最常被人诟病的一点就是不接地气，课堂上教的东西与社会脱节，故书生无用。佩潘认为恰恰相反，知识从来不是悬浮于生活之上的空谈，它们是一对共生体。成功的学校教育，恰恰要向被教育者展现，知识会在多大程度上改变一个人的思维，重塑他的生命。佩潘此处的原话我认为说得太精彩了："一旦理解了知识与生活的共生关系，真正体验过知识对生命的重塑，一个人就不再需要老师牵起他的手前行。什么是成功的教育？就是有一天，你不再需要那个给过你教育的人。"整本书，就这样一个发问接着一个发问，带领读者不断颠覆既有认知，峰回路转，曲径通幽，走入哲学森林的深处高处，感受思辨无穷的魅力。

如今，将哲学通俗化，让哲学走向大众是全球大势，国内已有不少高校站在桥头堡，积极尝试开展哲学公共教育。打开年轻朋友聚集的 B 站，多少名家教授、宝藏学者陆续入驻，开始面向公众做哲学普及，点击量与弹幕量惊人，可见大家对哲学并不冷漠，关键在如何用一种生动有趣、通俗易懂的方式来讲哲学，让它在时代的语境中重焕生机，让大众意识到生活万象处处有哲学。尤其在疫情反复拉扯的当下，巨大的不确定带来群体性的恐慌、焦虑，大家迫切地需要精神层面的疗愈，都在各找各的"药"。哲学，是人类发明的一剂良药。回望哲学一路走来的历史，我们会发现自己并不孤独，也不特殊，今天存在的绝大多数问题，也曾困惑过先人，他们也在想办法解决这些问题。哲学，就是教一个人"精神训练"，用更为智慧的方式看待、接受生活中发生的各种状况。一个人拥有了很多东西，还是感受不到幸福，伊壁鸠鲁提供的思路是，请多去想想"偶然性"这回事，要知道你原本有一千种可能不存在于这个世界，存在本身就是天大的幸福。没赶上火车，搞砸一件事情，都令人沮丧，马克·奥勒留告诉我们，世间事分两种，一种由我决定，一种由不得我决定，面对已经发生的不利，生气、拒绝是雪上加霜，坏上加坏；我们对法律意义、态度的追问，霍布斯、卢梭、尼采、康德都曾追问过；杰作之所以杰出，黑格尔说，那是因为它映现了"心灵的激动"；弗洛伊德说，不把"死"这件事想明白，就没法好好活……

最后说说作者夏尔·佩潘（Charles Pépin），他讲授哲学的同时也写作，迄今为止出版过9部哲学随笔、3部小说，还与漫画家合作过5本哲学普及类漫画，是畅销书榜的常客。除了在中学与大学开设哲学课，定期举办社会讲座，佩潘还活跃在电视、广播、报刊等各种媒体上，担任多个哲学、心理类节目的嘉宾及顾问。多年来，他始终如一面向社会解说哲学，做人人看得懂、听得懂的哲学，如果不是对这门学科也对教书育人怀抱无限的激情，不可能有这种坚持。我最早注意到佩潘的作品，是在波尔多当地的 Mollat 书店，读到《一周哲学课》时，觉得很对胃口，兴之所至就译出了全书。这份粗糙的初稿多年来保留在我的电脑里，几乎被遗忘了。2020 年全民居家避疫，偶然一天，我从书架上又翻到这本书，曾经读它时那种拨云见雾、酣畅淋漓的体验，波尔多炙热的阳光，眼前静流的加龙河，全部飞回脑中。人和书也讲缘分，既然重读，何不顺道重译？经过这些年，我对哲学的体会、在翻译中累积的经验相较过去总算有些长进。决定重译后，我才意外地发现，原来早有其他人和我一样注意到了佩潘，2015 年至今，国内已陆续翻译出版他的 5 部作品，包括 3 部哲学随笔和 2 部哲学漫画，今后或许还有来者。我忽然明白了这位哲学教师多年来不遗余力推广哲学的意义，你永远不会知道，在世界的各个角落，有谁正捧起你的书，将被它启迪、改变。

知识并不都有趣，教师面对台下麻木的学生，往往发出这样无奈的感慨。的确，理论多数时候很乏味，伴随抽象、迂回以及精确严谨必然导致的无数繁琐的细节，学习的过程，就是一个反复锤炼耐心、定力的过程。但我想，既然身为教师，在力所能及的状况下，如果能像夏尔·佩潘这样，尽可能用一种清晰、平实、生动的方式将知识传递给学生，总是一件好事吧。这也是我作为佩潘哲学课"远程教育"的学生之一，对他最感钦佩的一点。

衷心感谢武汉大学出版社对《一周哲学课》的肯定，感谢编辑邓喆从本书策划、编辑到出版，一路付出的所有努力，我们的合作非常愉快。

感谢这个世界有哲学！

赵鸣

2022 年 10 月 21 日于武昌珞珈山麓